아파트는 살고
땅은 사라

GTX 시대, 부동산 투자 비법은 따로 있다!

아파트는 살고 땅은 사라

이도선(도선국사) 지음

매일경제신문사

들어가며

"운명은 시시때때로 찾아오지 않는다. 적어도 운명이라는 표현을 쓰려면 아주 가끔 우연히 찾아드는 극적인 순간이어야 한다. 그래야 운명이다. 그래서 운명의 또 다른 이름은 '타이밍'이다."

드라마 〈응답하라 1988〉에 나온 명대사다. 당신이 이 책을 선택한 것은 부동산으로 부자가 되고 싶은 간절함이 만들어낸 운명일지도 모른다. 그렇다면, 이 책을 손에 쥔 당신은 지금 부자의 길로 가는 운명의 순간을 만난 것이다. 이 책을 읽는 이 극적인 순간을 소중히 기억한다면, 당신은 부동산으로 부자가 되는 길을 찾을 수 있을 것이다.

*이 책을 읽는 순간이 당신에게
새롭게 찾아온 부동산 투자의 '기회'이자 '타이밍'이다.*

우리는 어린 시절 국어, 영어, 수학 등 학교에서 다양한 과목을 배웠다. 요즘 교육은 다를지 모르지만, 현재 30대 이후의 사람들은 안타깝게도 그 많은 과목 중에 개인의 가정 경제를 어떻게 설계하고 다져나가야 하는지에 대한 지식을 배우지는 않았다. 하지만, 현실은 학교를 떠나는 순간 '자본주의'라는 시스템 위에 우리를 내동댕이쳤고, 생존을 위해 우리는 각자의 방법으로 경제 활동을 시작했지만, 돈은 벌기 바쁘게 이런저런 명목으로 강제 소비를 당해왔다. 이렇듯 쳇바퀴 도는 듯한 생산·소비 시스템에서 늘 부속품이 되어왔던 당신이지만, 시스템을 만들어내는 주체가 되고 싶다는 생각을 해본 적이 없었겠는가? 하지만 주체가 되고 싶어도 방법을 모르기 때문에 할 수 없었을 것이다. 필자는 이러한 사람들에게 이 책을 통해 모두가 시스템의 주체가 되었으면 하는 바람으로 글을 썼다.

당신은 '자본주의 생산 3요소'에 대해 기억하는가? 우리가 초등학교 4학년 때 처음 배운 것이다. 자본주의 생산의 3요소는 '노동', '자본', 그리고 '토지'다.

자본주의에 사는 우리는 신기하게도, 어렸을 때 배운 이 자본주의 생산의 3요소를 바탕으로 모든 경제 활동을 하고 있다. 이 책을 읽고자 하는 당신에게 묻겠다. 자본주의 생산의 3요소 중 지금 당신이 가지고 있는 것은 무엇인가? 너무도 안타까운 현실이지만, 대다수의 사람은 '노동'만을 가지고 생산 활동을 한다.

그럼 부자들은 어떠한가? 필자가 아는 부자들은 대부분 자본으로 생산 활동을 한다. 부자들은 자본으로 노동을 사고 토지를 사서 새로운 생산 활동을 만들어낸다. 나 또한 노동을 사고 토지를 산다. 필자는 초등학교 때 배운 3요소를 가지고 활동하고 있을 뿐이다.

"부자들은 땅을 모으고, 가난한 사람은 청구서를 모은다!"라는 말이 있다. 부자는 자신이 가치가 있다고 생각하는 곳에는 돈을 아낌없이 쓰지만, 이것이 소비이고, 낭비라고 판단될 때는 돈을 아낀다. 단순히 돈을 벌기 위해 일하는 것이 아니라, 돈이 나를 위해 일하게 하는 구조를 만든다. 이것이 시스템이고, 부자들은 이 시스템을 위해 토지를 활용하는 것이다.

돈이 나를 위해 일하는가?
내가 돈을 위해 일하는가?

우리는 돈을 벌기 위해 열심히 일한다. 열심히 일한 노동의 대가를 지불받고 더 많은 돈을 벌기 위해 정말 많은 노력을 한다. 그렇게 평생 돈을 위해서 일하다가 나이가 들어 노동력이 떨어지면 더 이상 많은 돈을 벌지 못해 힘들어한다. 물론, 열심히 일하는 것은 중요하다. 하지만, 우리는 현명하게 판단하고 똑똑하게 일해야 한다.

당신은 부동산으로 돈을 벌 수 있다고 생각하는가?

그렇다면 부동산의 기본이자 원재료인 토지는 어떨까? 과연 돈이 될까?

국토교통부가 발표한 자료에 따르면, 2018년 기준 우리나라 전체 인구 5,178만 명 중 32.6%인 1,690만 명이 토지를 소유하고 있는 것으로 나타났다. 즉, 인구 10명 중 3명은 땅을 갖고 있고, 7명은 땅을 갖고 있지 않다는 것이다. 또한, 토지 소유자 1,690만 명 중 50만 명이 53.9%의 면적을 소유한 것으로 나타나, 상위 1%가 전국의 절반 이상 토지를 소유하고 있음을 알 수 있다. 당신은 땅을 소유하고 있는 10명 중 3명에 해당하는가? 만약 아직 땅을 갖지 못했다면, 부자가 될 준비를 하지 못한 것이다. 하루라도 빨리 땅을 가져보라. 그런 다음 상위 1% 토지 소유자가 되기 위해 노력한다면, 당신은 어느덧 부자가 되어 있을 것이다.

필자가 여러 투자 중에서 부동산을 선택하고 그 부동산 중에서 토지만을 전문적으로 진행하게 된 이유는 단순하다. 우리나라에는 너무 많은 '부동산 전문가들'이 있다. 특히, 그들 중 대부분이 아파트나 상가, 재개발, 재건축 관련 전문가들이다. 이렇다 보니, 그 많은 전문가를 뚫고 일반인들이 제대로 투자해서 돈을 벌 수 있겠는가? 아마도 매우 어려울 것이다. 그 이유는 간단하다. 대부분이 그 전문가들의 성공 사례를 따라 투자할 테지만, 그때 그 사례는 이미 철 지난 방법이 되었기 때문이다.

하지만, 토지는 어떠한가? 토지는 어렵다고들 이야기하지만, 실제로 제대로 분석하고 공부해본 적이 있는가? 대부분 사람들은 토지 투자를 알아보다가도, '토지이용계획확인원'과 '도시기본계획' 등 생소하고 어려운 용어가 들어가 있어 쉽게 접근하지 못한다. 필자는 당신에게 토지이용계획확인원이나, 도시기본계획 같은 이야기를 깊게 하고 싶지 않다. 이런 어려운 내용을 이 책을 통해 제대로 공부하라는 것도 아니다.

이 책은 최근 가장 핫한 이슈 중 하나인 **GTX 관련 내용**이나, 필자의 전문 분야인 **토지개발, 농지연금, 환지, 대토** 등 토지 투자의 큰 흐름 중 몇 가지를 읽어낼 무기를 줄 것이다. 이들만 잘 활용해도 성공적인 토지 투자를 만들어내는 데는 큰 무리가 없을 것이다.

한번 생각해보자. 과거에 '경매' 하면 어떻게 생각했는가? 경매는 조폭과 같은 나쁜 사람들이나, 진짜 조폭들이 하는 것이라고 생각하면서 부정적인 이미지가 있었을 것이다. 그렇다면, 요즘 '경매'라고 하면 어떠한가?

요즘은 경매 날짜에 법원을 가면 삼삼오오 경매 학원에서 오는 사람들부터 아기를 업고 오는 주부, 평범한 직장인까지 정말 많은 사람들이 자리를 메우고 있다. 이 책을 보고 있는 당신도 경험이 있을 수 있다. 좋지 않은 이미지로 많은 사람들이 꺼리던 경매 시장이, 한 번씩은 해보고 싶은 분야로 인식이 변화된 것이다.

이는 경매 자체가 나쁜 것이 아니라, 그냥 이미지로 인해 접근이 어려웠던 것이기 때문이다. 그런데, 부정적인 이미지로 많은 사람들이 꺼리던 그 당시에도 일반인들 중 적지 않은 사람들이 경매에 나름 열심히 참여했으며, 현재 엄청난 부자가 된 사람들이 많다는 것에 주목할 필요가 있다. 그 당시의 낮은 경쟁력은 성공적인 투자가 되는 데 더 쉬운 환경을 만들어줬기 때문이다.

그럼 다시 필자의 전문 분야인 '토지'를 생각해보자. 여전히 토지는 어려운가? 토지는 5년, 10년을 보고 하는 장기 투자라고 생각하는가? 토지 투자가 전문가들만 투자하는 시장이라고 생각하는가? 이런 생각을 하고 있는 독자들이 많아서 아직 토지 시장에는 먹을거리가 너무 많다는 것이다.

이런 이유로, 필자는 돈이 많으면 정말 우리나라에 있는 좋은 땅을 다 가지고 싶다. 하지만, 자본이 그리 넉넉하지 않은 것이 현실이다. 필자 또한 투자금이 없어서 기회를 놓치고 마는 토지가 너무 많다. 달리 생각하면, 필자보다 좀 더 넉넉한 독자라면, 그만큼 많은 기회들이 토지 투자에 존재한다는 것이다.

분명히 아파트, 상가, 재개발, 재건축 투자와 관련된 시장은 꾸준한 투자 수요층이 있을 것이다. 그럼 그곳에 당신의 먹을거리는 있는가?

대부분 사람들은 서점에서 베스트셀러나 부동산 서적을 볼 때, 당연히 아파트와 같은 친숙한 단어의 책을 골라서 살펴볼 것이다. 또한, 그 책의 저자들의 성공담을 부러워하면서 '나도 저렇게 될 수 있지 않을까' 하는 마음으로 봐왔을 것이다. 그렇다면 여러 부동산 투자와 관련한 서적을 본 당신은 부자의 반열에 올라와 있는가? 아니면, 그 부자의 반열에 오르는 방법은 터득했는가?

이 책은 독자인 당신에게 최고의 선물을 주기 위해서 출간하기로 했다. 현재 부동산 투자와 관련한 어떤 서적에서도 나와 있지 않은 GTX 분석이나, 나의 전문 분야인 토지개발, 농지연금, 환지, 대토 등에 대해서 자세히 설명해놓았다. 이 책은 이래서 벌었다는 둥, 뭐 했다는 둥의 대리만족이나 영웅담이 아닌, 이 책의 독자들이 토지 투자에 대해서 한 발짝 다가오고, 편하게 읽고 공부하면서 부자의 반열에 함께 오르길 바라는 책이다.

　필자와 함께 토부(토지 부자)가 되길 진심으로 바란다.

이도선(도선국사)

들어가며 - 4

Part 1.
GTX 시대 개막, 부동산 투자 역대급 쓰나미가 온다

01 부동산 규제 피할 것인가? 바꿀 것인가? - 18
02 땅값 올랐던 10년 전 그때… 역대급 토지 보상으로 불붙는 땅값 - 24
　2020년 사상 최대 규모 토지 보상금 45조 원 어디로? 28
　2009년 그때도 역대급 토지 보상금 풀려… 29
03 GTX 시대 개막, 역대급 쓰나미가 온다 - 32
　"영국판 크로스레일" GTX, 어떤 관점으로 봐야 하는가? 33
　서울·인천·경기를 하나로 묶는 GTX의 파급 효과와 미래가치 35
04 GTX 역세권 오르고 또 오른다 - 37
　높은 사업성과 빠른 사업 속도 A노선 역세권 아파트 37
　양주·수원 연장으로 사업성 확보한 C노선 역세권 아파트 40
　3기 신도시 왕숙지구로 덕 본 B노선 역세권 아파트 42
05 혼돈의 부동산 시장 "GTX 역세권으로 피하고 토지로 바꿔라- 45
06 강남 아파트, 넌 2배 올랐니? 내 땅은 5배 올랐다! - 48
　강남 아파트 10년 동안 얼마나 올랐나? 48
　5년 동안 2~3배, 10년 동안 5배 오른 곳은? 51

Part 2.
대한민국 1%만 아는 부동산 투자 비법은 따로 있다

01 뛰는 집 위에 규제 있고 나는 땅 위에 부유층 있다 - 58
02 식재료가 비싼가? 잘 차려진 밥상이 비싼가? - 62
03 땅의 변신은 3개, 그중 초대박은 '용도 변경' - 65

04 새 땅으로 돌려받는 2개의 개발사업 - 73

    2개의 사업 방식 이해하기 '수용 방식 vs 환지 방식' 75
    사업시행 절차에 따른 소유권 변동과 전매 제한 78

05 소비자가 될 것인가? 생산자가 될 것인가? - 81

06 개발지 인접 지역의 땅값이 오르는 이유 - 84

07 신도시 주변을 노려야 하는 이유 - 87

    신도시와 구도심 사이 '브릿지 도시'를 알고 있는가? 91

Part 3.
시행사가 알려주지 않는 비밀 '5,000만 원 토지 투자로 내 집 마련하기'

01 도시개발사업을 알면 돈이 보인다 - 98

    토지 투자 블루오션 도시개발사업 파헤치기 99
    도시개발사업 절차 알고 투자하기 103
    재개발사업 vs 도시개발사업의 차이 104

02 아파트가 될 땅으로 돌려받는 도시개발사업 '환지' - 106

    환지(換地)란? 108
    유형별 토지에 따른 환지 절차 110

03 5,000만 원 토지 투자로 내 집 마련하는 방법 - 115

04 종잣돈 2억으로 건물주 되는 도시개발구역 환지 투자 - 118

05 시행사가 알려주지 않는 숨은 비밀 - 124

06 대한민국 1%만 아는 도시개발구역 환지 투자 핵심 포인트 - 127

    건물주 되고 싶다면 종잣돈 2억 원으로 환지 투자 하라 129

07 도시개발사업 '환지' 사례 - 131

Part 4.
내 땅이 수용된다고? '현금 대신 땅으로 돌려받는 방법'

01 토지 보상의 모든 것 "현금 대신 땅으로 주세요" - 138

02 토지 수용법을 알면 새 땅(택지)으로 보상받을 수 있다 - 145

03 이주자택지·협의양도인택지·생활대책용지·대토 보상용지, 누가 어떻게 받을까? - 152

    수용 방식 개발지구 공급용지 기준 및 공급대상 152
    대토 보상 대상자 및 공급 우선순위 154
    특별공급분 용지별 공급 가격 156

04 수용 방식 개발 지구 토지 투자 핵심 포인트와 사례 - 161

Part 5.
'토지 투자의 숨은 진주' 농지연금 100% 활용하기

01 토지 투자의 불확실성을 제거하는 농지연금을 아시나요? - 170

    매월 300만 원, 부부가 함께 준비하면 600만 원 평생 받는 농지연금 172
    매월 받는 연금 액수 얼마나 되나 175

02 1억 농지 투자로 월 300만 원 평생 연금 받는 농지가치 투자법 - 177

03 농지연금 + 농지가치 투자 사례 - 183

04 농업인 혜택 누리기 - 187

Part 6.
GTX 시대, 어디를 주목해야 할까?

01 앞으로 20년 국토종합계획 새 판 짠다 - 196

    2000~2020년 큰 그림들 198
    앞으로 20년 한반도에 부는 바람 200

02 한반도의 골드벨트를 노려라 - 202

    GTX 시대, 수도권 핫플레이스 203
    인구가 몰릴 지역은 어디인가? 207

03 美 트럼프와 짐 로저스는 왜 북한 땅을 말하는가? - 209

04 통일경제특구를 알면 돈이 보인다 - 214

    접경 지역 지자체들의 통일경제특구 구상 216

05 수도권 '광역교통 2030'을 주목하라 - 221

    동북권 광역교통 구상 224
    동남권 광역교통 구상 226
    서남권 광역교통 구상 228
    서북권 광역교통 구상 230

마무리하며 - 236

Part 1.

GTX 시대 개막,
부동산 투자 역대급 쓰나미가 온다

부동산 규제 피할 것인가?
바꿀 것인가?

초강력 부동산 규제로 꼽히는 9.13 주거 안정화 대책 이후 주택 시장은 매우 예측하기 어려운 상황이 지속되고 있다.

2018년 "9.13 주거 안정화 대책"의 주요 내용을 보면 다주택자 규제, 주택 임대사업자 혜택 축소, 전매 제한 강화, 청약 제도 개선, 주택 시장 관리 강화, 수도권 공공택지 30만 호 공급 등 세금 및 대출 제도 강화에서부터 공급량 확대까지 역대급 부동산 규제이며, 정부가 할 수 있는 최대의 시장 개입이라고 볼 수 있다. 이에 주택 시장은 규제의 위력에 눌려 한동안 안정세가 이어지기도 했다. 실제로 9.13 대책 이후 부동산 시장은 대출 규제에 크게 영향을 받지 않는 부유층이나 실수요자 중심으로 재편됐다. 반면에 전체적인 거래량은 줄었지만, 9억 원 초과 주택 거래량은 도리어 늘어나 현금이 많은 무순위 청약자들이 미분양 아파트를 쓸어 담는 이른바 '줍줍' 현상을 심화시키며, 청약 시장이 현금 부자들의 잔치로 전락했다는 비판도 나오고 있다.

한국감정원 조사 기준 2018년 11월부터 32주 연속 하락했던 서울 아파트값은 2019년 7월부터 상승 전환했다. 이에 국토교통부는 민간택지 분양가상한제 도입안 카드까지 꺼내들었다. 이렇게 혼란한 시장 상황 속에서 투자자들은 부동산 재테크를 어떻게 해야 할지, 또 무엇을 해야 할지 막막할 수밖에 없다.

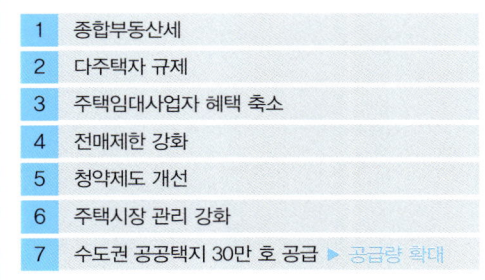

9.13 주거 안정화 대책(국토교통부. 2018.)

부동산 재테크 성공하고 싶은가?
더욱 현명하고 똑똑하게 부동산 투자를 하려면
어떻게 해야 할까?

우선 부동산 시장을 이해하고 이론적 평가를 통해 현실에 적용하는 지혜가 필요하다. 옛말에 "**실무 없는 이론은 공허하고, 이론 없는 실무는 천하다**"라는 말이 있다. 물론 이론과 현실이 100% 딱 맞지는 않지만, 우리가 할 수 있는 최선의 방법임에는 분명하다. 부동산 시장을 분석하는 일은 상당히 어렵고 힘든 일이다. 전문가들 사이에도 **비관론**과 **낙관론**이 대립하는 가운데, 부동산 시장을 정확히 분석해 예측하는 것은 불가능하다고 할 수 있다. 그럼에도 불구하고, 부동산 시장을 이론적 평가를 통해 분석하고 현실에 적용하는 것은 생각과 감으로 판단하는 것보다 훨씬 객관적이고 합리적이다.

비관론자와 낙관론자의 대립

부동산 시장 분석은 수요와 공급, 금리나 경기, 부동산 정책과 사회적 요인, 부동산 활동(시장)에서 나타나는 요인 등을 종합적으로 분석하며, 이러한 분석 기법 중 부동산 시장에서 나타나는 요인을 통해 과거 경험과 사례를 바탕으로 현재 시장을 종합·분석해보고 미래 시장을 예측해볼 수 있다.

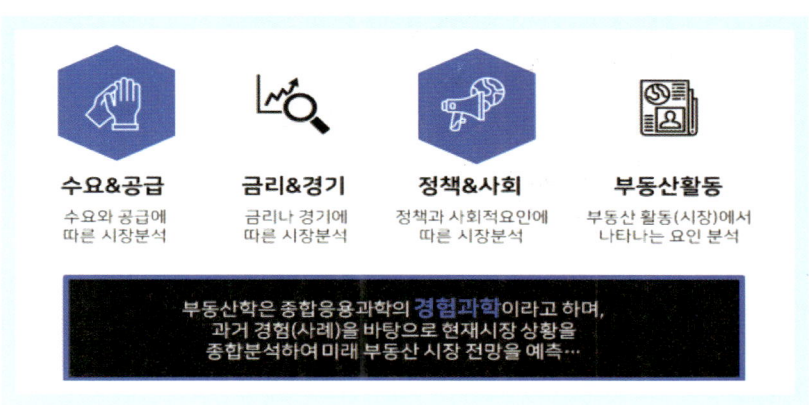

부동산 시장 분석

주택 경기 예측 모형 중 대표적인 것이 '벌집 순환모형(Honeycomb Cycle Model)'이다. 이 모형은 주택의 가격과 거래량에 따라 부동산 경기가 벌집 모양의 6각형 패턴(1~6국면)을 보이면서 반시계 방향으로 순환한다는 이론이다. 그렇다면 이 모델을 이용해 분석한 현재 주택 시장 상황은 어떨까?

벌집 순환모형 이론을 적용해보면, 2016년부터 활황기인 '제2국면', 이대로라면 '제3국면'을 지나 거래량과 가격이 내려가는 '제4국면'으로 접어드는 것을 알 수 있다. 하지만, 부동산 정책과 새 아파트 선호 현상 등 '현실 변수를 반영하지 못한 이론'이라는 반론도 있다.

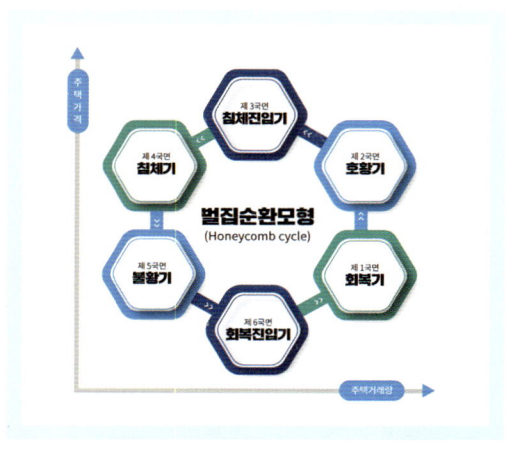

부동산 시장 분석

부동산 경기를 예측하는 것은 '신의 영역'이라 말한다. 그럼에도 불구하고, 부동산을 과거 경험과 사례를 바탕으로 현재 시장 상황을 종합적으로 분석해서 미래 부동산 시장을 예측하는 것이 가장 현실적이고 합리적이기에, 과거 부동산 흐름을 이해하는 것은 매우 중요하다.

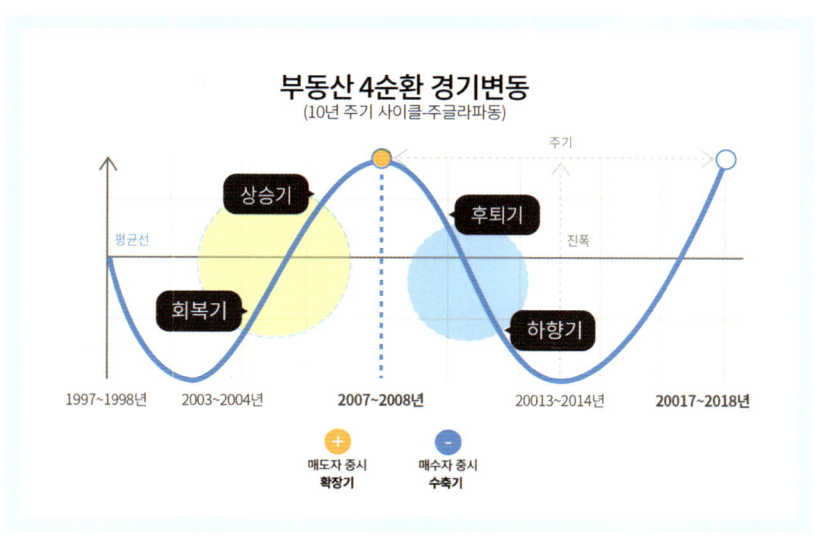

부동산 4순환 경기변동

현 상황에서 부동산 시장 이론을 바탕으로 분석해본 결과, 2018년 하반기 변곡점이 되어 주택 시장이 위축되면서 하향 국면으로 접어드는 추세다. 그렇다고 주택 시장을 무조건 비관적 또는 낙관적으로 볼 것이 아니라, 개별성과 입지 등을 고려해 투자적인 관점에서 판단해야 한다. 더욱 현명하고 똑똑하게 부동산 투자를 하려면, 과거 부동산 경험과 사례를 바탕으로 현재의 부동산 정책과 시장 상황을 종합적으로 분석해 적절히 대응해야 할 것이다.

땅값 올랐던 10년 전 그때… 역대급 토지 보상으로 불붙는 땅값

2018년 정부는 부동산 시장을 안정화하기 위해 그 어느 때보다 강도 높은 대책을 발표했다. 주택 가격의 인상은 서민 주거 환경을 악화시키는 요인으로 나타나고, 시장 경제 혼란을 불러일으킨다는 점에서 정부의 고강도 대책은 시사하는 바가 크다. 정부는 지속적으로 강도를 높여 투기 수요 억제를 위한 투기 지역 지정, 1주택 이상 소유자 주택담보대출 규제, 종합부동산세 강화, 공시지가 인상 등 정부가 할 수 있는 최대한의 규제 정책을 발표했다.

특히, 정부는 2019년 1월 1일 기준으로 전국 3,268만 필지 중 50만 필지의 표준지공시지가를 1년 전과 비교해서 전국 평균 9.42% 인상했다. 이는 지난 2008년 9.63% 인상 이후 11년 만에 최대 폭 인상이며, 서울 강남구의 경우는 23.13%나 올랐다. 서울의 표준지공시지가[1]는 평균

13.87% 인상되어 전국 17개 시·도 가운데 가장 많이 올랐다. 이 같은 인상 폭은 지난 2007년 15.43% 인상 이후 12년 만에 최대 폭이다. **표준지 공시지가 인상은 토지 보상금 확대로 작용한다.** 토지 보상금은 시가로 산정하는 것이 아니다. 또한, 공매·경매 낙찰가를 참고해 산정하는 것도 아니며, 개별공시지가를 고려해 산정하는 것도 아니다. 그렇다면 토지 보상금 산정 기준은 어떻게 될까?

해당 토지에 대한 보상가 평가는 대상 토지의 인근에 있는 표준지를 기준으로 산정하는데, 이것을 '비교표준지 공시지가'라 한다. 따라서, 토지 보상금 산정은 '비교표준지 공시지가'를 기준으로 해서 감정 평가사가 여러 사항 등을 종합적으로 고려해 평가하게 된다. 결론적으로, 토지 보상금 산정기준은 비교표준지 공시지가를 기준으로 산정하기에 표준지공시지가 인상은 토지 보상금 확대로 작용한다.

정부는 3기 신도시를 포함 신규택지 공급을 확대해 수도권 공공택지 30만 호 공급계획을 발표했고, 문재인 정부 5년간 전국에 총 100만 호를 공급할 예정이다. 공급량 확대는 주택 가격을 안정화시키는 방안 중 일부이며, 이와 같은 정부의 방침은 주택 수요를 투기적 수요에서 실수요로 전환하겠다는 의지로 해석된다. 공익사업을 위한 택지 공급량이 확대되면서 토지 보상금을 받는 지역이 증가하고, 토지 보상금 산정 시 기

---

1) 공시지가는 크게 '표준지공시지가'와 '개별공시지가'로 나눈다. 통상적으로 공시지가라 함은 표준지공시지가를 의미하는데, 토지의 표준 가격인 표준지공시지가는 한국감정원이 전국의 모든 필지 중 50만 필지를 표준지(기준)로 선정한 뒤, 민간 감정 평가사에게 의뢰해 한 필지에 2명의 감정 평가사가 복수평가를 한 후 이를 산출 평균해 가격을 결정한다. 이렇게 산정한 표준지공시지가는 토지 보상금과 감정 평가가격 산정 자료로 이용된다.

준이 되는 표준지공시지가 인상으로 인해 토지 수용에 따른 토지 보상금은 더욱 증가할 것이다. 정부가 발표한 택지개발사업지구가 본격적으로 토지 보상이 착수될 시기에는 천문학적인 토지 보상금이 풀릴 것으로 예상된다.

표준지공시지가 인상 + 택지 공급량 증가 = 토지 보상금 ↑

정부는 9.13 주거 안정화 대책 발표 이외에도 공시지가 인상, 분양가 상한제 카드까지 꺼내들었다. 그러나 진짜 문제는 이러한 정부의 의지는 확고하다는 사실이다. 부동산학에서 부동산은 경험과학이라 정의하고 있다. 10년 전 상황을 돌이켜보자. 참여정부(2003~2008) 시절 부동산 정책은 어떠했는가? 표준지공시지가 인상률이 가장 높았던 때는 2008년 9.63%이다. 2019년 9.42%로 11년 만에 최대폭 인상이다. 10여 년 전 상황과 매우 흡사하다. 참여정부는 2003년 서울 집값 폭등 등을 막기 위해 2기 신도시인 김포(한강), 인천 검단, 화성 동탄1·2, 평택 고덕, 수원 광교, 성남 판교, 송파 위례, 양주 옥정, 파주 운정 등 수도권 10개 지역을 비롯해 충청권 2개 지역 포함 총 12개 지역을 지정했다. 그러나 주택 가격을 공급량 확대만으로 잡을 수 없었기에 참여정부는 2005년 8.31 부동산 대책을 발표했다. 단기적으로 부동산 가격 급등을 진화하고 장기적으로 부동산 시장의 안정을 가져올 것으로 기대했으나, 서울의 집값을 잡기에는 부족했다. 결국, 서울의 집값은 꾸준히 상승하다가 2008년

글로벌 금융위기로 '변곡점'을 맞았다. 물론, 10여 년 전 상황과는 시장 상황이 다를 수 있으나, 참여정부 시절 경험이 바탕이 된 듯 현 정부는 주택 시장을 일시적으로나마 안정화시키고 있다.

현상황이 어떻든 우리가 주시해야 할 부분은 부동산을 투자적인 관점에 집중해야 한다는 것이다. 주택 시장은 부동산 정책과 경기에 민감한 반면, 토지 시장은 상대적으로 규제가 덜하다는 점을 알 수 있다. "**표준지공시지가 인상은 결국 토지 보상금 확대로 작용하고, 대규모 택지 공급은 많은 지역에 토지 보상을 낳는다**" 주택 규제 강화, 대규모 택지 공급, 공시지가 인상 등 여러 요소를 점검해봤을 때, 현시점은 분명 "**10년 만에 찾아온 토지 투자의 기회**"임은 틀림없다. 투자에 앞서 부동산 흐름을 잘 탄다면, 안정적이면서 확실한 수익을 얻을 수 있을 것이다.

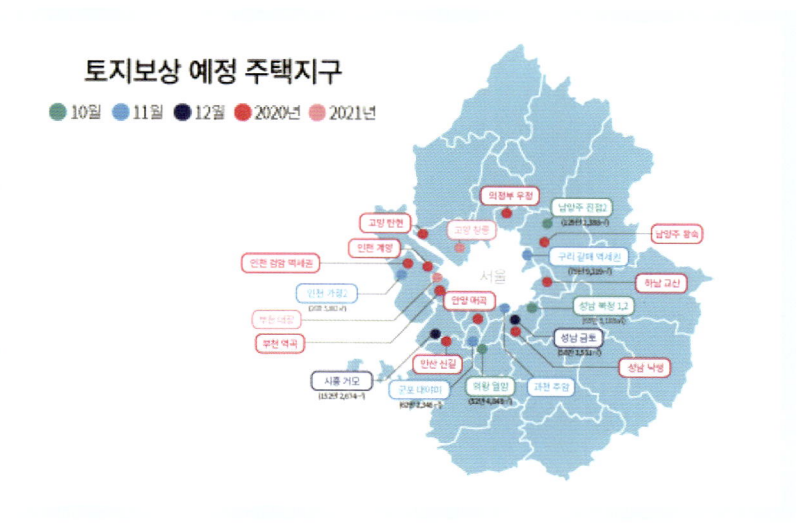

토지 보상 예정 주택지구

2020년 사상 최대 규모 토지 보상금 45조 원 어디로?

2020년에는 3기 신도시 보상이 본격화되면서 전국에서 45조 원에 달하는 토지 보상금이 풀릴 전망이다. 이는 종전 최고치인 2009년의 34조 8,554억 원보다 10조 원 이상 많은 것으로 역대 최고치다. 우선 3기 신도시 후보지로 발표된 인천 계양, 남양주 왕숙, 하남 교산지구 등지에서 본격적인 보상이 이뤄진다. 또한, 의정부 우정, 인천 검암 역세권, 안산 신길지구 등 공공주택지구에서도 뭉칫돈이 풀린다. 부천 역곡, 성남 낙생, 고양 탄현, 안양 매곡 등 도시공원 일몰 예정지와 인근 연접부지 활용사업을 통해서도 보상이 본격화된다. 2021년에는 3기 신도시 후보지인 고양 창릉지구와 부천 대장지구의 보상도 풀릴 전망이다.

현 정부 들어 3기 신도시 건설, 광역급행철도(GTX) 건설 등 정부 차원의 각종 개발계획이 확대되며 막대한 토지 보상금이 인근 부동산 시장에 유입되면서 인근 집값과 땅값을 끌어올리는 '불쏘시개' 역할을 할 수 있다는 것이다. 정부는 이 때문에 대토 보상[2]과 리츠를 활용해 보상 자금을 흡수한다는 계획을 하고 있으나, 강남 인근을 제외하고는 대토 보상을 선호하지 않는 곳이 많아 기대만큼 보상비 흡수 효과가 크지 않을 것이라는 의견도 있다. 만약 대토 보상 제도가 확대된다고 하더라도 사상 최대 규모인 45조 원의 토지 보상금은 10여 년 전 그때처럼 부동산

---

2) 대토 보상(代土補償) : 현금 대신 토지로 보상하는 것을 말한다. 손실 보상은 현금 보상이 원칙이지만, 토지 소유자가 원하는 경우로서 사업 시행자가 해당 공익사업의 합리적인 토지이용계획과 사업계획 등을 고려해 토지로 보상이 가능한 경우에는 토지 소유자가 받을 보상금 중 현금 또는 채권으로 보상받는 금액을 제외한 부분에 대해 공익사업의 시행으로 조성한 토지로 보상할 수 있다.

가격을 끌어올리는 중대한 역할을 할 뿐만 아니라, 개발 호재로 인해 개발지 인근 땅값을 상승시키는 요인이 될 것이다.

2009년 그때도 역대급 토지 보상금 풀려…

2009년 당시 언론 보도 내용에서도 부동산 가격의 기폭제가 됐던 것은 토지 보상금이었다. 각종 개발계획은 개발 호재와 맞물려 개발지 주변 땅값 상승을 이끌었고, 시중에 풀린 유동자금은 인근 집값 상승에 영향을 미쳤다. 현재의 부동산 시장 상황과 10여 년 전 부동산 시장 상황이 조금은 다를 수 있으나, 대규모 택지 공급으로 인한 역대급 토지 보상금과 철도, 도로 등 각종 개발 호재는 과거와 다르지 않다는 사실은 분명하다.

내년에만 40조…토지보상금, 판도라 상자 열리나
보금자리·4대강·신도시 등…부동산 '재점화'?

최종수정 2009.11.16 09:45:00 | 김봉규 기자 | srv@pressian.com

12월부터 시작되는 토지 보상이 부동산 시장에 또 하나의 '폭탄'이 될 수 있다는 우려가 제기되고 있다. 보금자리주택·신도시·4대강 사업 등에서 동시다발로 보상이 진행되면서 내년 말까지 풀릴 보상금이 총 40조 원에 이를 전망이기 때문이다. 정부는 대토·채권 보상을 통해 불안 요인을 잠재우겠다고 나섰지만 실효성에 대해서는 확실한 답변을 내놓지 못하고 있다.

당장 12월부터 시작되는 보상 계획만 어마어마한 수준이다. 지난해 경제 한파로 보상이 한 번 연기된 바 있는 인천 검단 신도시에 7조 원이 풀릴 예정이고 경기 평택 고덕국제화 지구에 예정된 3조5000억 원을 합치면 두 곳만 10조 원이 넘는다. 여기에 보금자리주택지구 6조 원, 4대강 사업 2조8000억 원도 기다리고 있다.

2009년 토지 보상금 관련 언론 보도 자료

"우리는 잊는다는 사실조차 잊는다" 미국의 투자 대가인 켄 피셔가 한 말이다. 사람들은 매우 많이, 매우 자주, 매우 빠르게 잊는다. 이 때문에 투자에 실패하는 경우가 자주 발생한다. 우리는 우리가 접하는 것이 매우 새롭고 독특하다고 생각한다. 하지만 역사를 통해 그 대부분이 과거에 이미 똑같이 존재했다는 것을 알게 된다. 앞에서도 언급했듯이 부동산은 종합응용과학의 경험과학이며, 과거 경험과 사례를 바탕으로 현재 시장 상황을 종합적으로 분석해 미래 부동산 시장을 예측해야 한다.

지금으로부터 10여 년 전 시장 상황이 현시점 상황과 유사하다. 정부의 택지 공급량 확대 정책으로 인해 역대급 토지 보상금이 풀려 인근 부동산 시장에 영향을 미치기 때문이다. 하지만 정부는 10여 년 전 경험이 바탕이 된 듯, 공급 정책 이외에도 부동산 규제 정책인 제 3수요(투기 수요)층의 대출 규제, 세금 강화 등의 정책을 강화해 서울 집값을 안정화시키면서 실수요층이 주택을 공급받을 수 있도록 전반적인 주택 시장을 실거주자 위주로 재편하고 있다. 다만, 토지는 주택 시장과 달리 개발사업이 진행되면 인근 지역의 개발 압력으로 인해 땅값이 상승한다. 이는 주택 시장보다 상대적으로 토지 시장이 규제가 덜 하기 때문이다. 정부의 택지 공급량 확대 정책으로 막대한 토지 보상금이 풀리고, 도로, 철도 등과 같은 SOC 기반시설이 증가하게 되면 인근 지역 땅값은 오르기 마련이다.

실제로 최근 토지 보상을 받을 예정인 토지주로부터 상담의뢰가 부쩍 늘었다. 이들은 대부분 토지 보상금과 대토 보상에 대한 문의 이외에도 인근 지역 재개발 아파트, 토지 등 재투자에 대한 자문을 구한다. 부동산으로 돈을 벌어본 사람은 다시 부동산으로 재투자하기 때문이다. 대규모 개발사업으로 풀릴 토지 보상금은 누구의 돈이 될 것인가? 이런 시점에서 우리는 "**10년 만에 찾아온 토지 투자의 기회**"를 놓치지 말아야 한다.

GTX 시대 개막, 부동산 투자 역대급 쓰나미가 온다

신개념 광역교통수단인 'GTX(Great Train Express)'는 서울과 신도시의 주요 거점을 연결하는 '수도권광역급행철도(GTX)'다. 필자가 GTX를 강조하는 이유는, 수도권 부동산 시장에 중대한 영향을 미치기 때문이다. 더욱이 현 부동산 규제 상황 속에서도 아파트는 GTX 역세권이 선택이 아닌 필수임을 여러 사실들을 근거로 재차 강조하고 싶다.

2018년 말 GTX-A노선 착공, GTX-C노선 예타통과에 이어 2019년 8월에는 GTX-B노선까지 사업이 본격화됨에 따라 GTX 시대가 성큼 다가오고 있다. GTX 역세권 부동산의 가치는 어떻게 판단해야 할까? 기존에 완성된 GTX가 없다 보니 부동산 전문가들과 투자자들 사이에도 의견이 엇갈리면서 부동산 투자에 어려움을 겪고 있다. 하지만 GTX 역세권 일대 단지들은 이미 발표 단계부터 착공 단계에 걸쳐 그 가치를 증명하고 있다. 누구도 경험해보지 못한 교통수단이지만, 누구나 기대하고 있기에 그 기대 심리만으로도 부동산 가격은 상승한다는 사실을 알 수 있다. GTX 개통이 가시화되면서 노선이 지나는 지역의 가치는 재조명되고, 교통 호재에 따른 개발 압력으로 인해 집값 상승, 인구 유입 등의 가능성이 커졌기 때문이다. 이는 '영국판 GTX' 크로스레일(Crossrail)의 사례를 통해 GTX가 가져올 파급 효과가 얼마나 큰지를 가늠할 수 있다. 따라서 GTX와 닮은 영국의 크로스레일 사례를 통해 GTX의 미래가치를 예측해보고, GTX는 어떤 관점으로 봐야 하는지 알아보자. 또한, GTX 노선별 역세권 수혜단지들의 시세를 분석해 향후 GTX 역세권 단지의 가치를 판단해보자.

"영국판 크로스레일" GTX, 어떤 관점으로 봐야 하는가?

영국의 크로스레일사업은 런던 생활권을 동서부로 가로지르는 광역급행철도 건설사업으로 유럽 최대 인프라사업으로 불린다. 런던 시내로 유입되는 통근자 수가 급증하자 런던시가 2009년 5월부터 건설을 시작했으며, 서쪽 레딩 지역에서 출발해 히드로 공항과 런던 도심을 지나 동쪽 셰필드까지 118km를 잇는다. GTX처럼 42km 구간은 20~40m 대심도 지하터널로 건설하고 나머지는 기존 철로를 이용하며 최고시속 100~160km로 운행된다. 개통 뒤 런던 중심까지 45분 안에 주파가 가능하다. 특히 런던시는 역 개통으로 420억 파운드(약 60조 원) 규모의 경제 파급 효과와 5만 5,000개에 달하는 일자리가 창출될 것으로 분석했다. 노선 주변으로는 5만 7,000여 가구의 주택 공급계획과 상업시설, 오피스도 50만㎡ 규모로 들어선다.

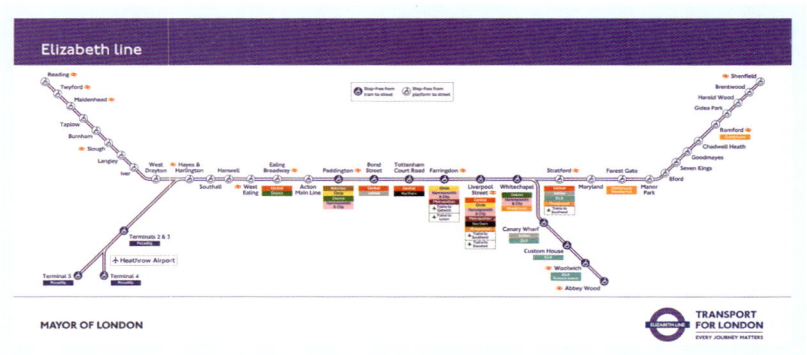

영국 런던 크로스레일 노선도(http://www.crossrail.co.uk)

영국 최대 은행 로이드뱅크(Lloyds bank)에 따르면, 크로스레일 노선에 위치한 주택의 평균매매 가격은 2014년 34.4만 파운드(약 5억 2,000만 원)에서 2016년 12월 42.1만 파운드(약 6억 3,000만 원)로 2년 사이 22% 상승하며, 런던 주택매매 가격 평균 상승률(14%)대비 높은 수준을 보인 것으로 나타났다. 지역별로는 동쪽 종점인 아비우드역 인근 주택은 동기간 45% 상승, 포레스트 게이트역은 45% 상승, 런던 중심에서 가장 먼 레딩역도 26% 상승한 것으로 나타났다. 특히, 크로스레일 주변은 개통 시기가 다가오면서 런던 생활권(14%), 런던 중심가(13%)를 크게 앞선 22% 상승했다. 이와 관련해 영국 리서치업체는 크로스레일 인근 주거 및 상업용 부동산의 총부가가치(Gross Value Added, GVA)를 2021년까지 총 55억 파운드(약 8조 2,000억 원)의 추가적인 자산가치 상승 효과가 기대되는 것으로 전망했다. 이와 관련해서 영국 런던의 광역급행철도 '크로스레일'이 런던 부동산의 지형도를 바꿔놓았듯, GTX 역시 국내 부동산 시장의 판도를 바꿔놓을 것이라는 전망이 크다.

서울·인천·경기를 하나로 묶는 GTX의 파급 효과와 미래가치

2018년 3월 제5차 국토종합계획 수립 심포지엄에서는 GTX를 북한 신의주와 함경도 나진 선봉까지 잇는 계획이 소개됐으며, 2018년 말 GTX-A노선 착공식에서도 GTX를 남북 교류와 국제물류허브로 도약될

제5차국토종합계획 수립 심포지엄(좌) / GTX-A노선 착공식(우) 언론보도 자료

것이라고 강조했다.

　이는 현재 노선에서 더욱 확장되어 뻗어나갈 수 있다는 점을 시사하고 있다고 볼 수 있는데, 예를 들어 GTX-A노선 같은 경우 북으로는 파주 운정역에서 문산역으로, 남으로는 동탄역에서 평택 지제역으로 연장될 수 있다는 것이다. 따라서 현재의 GTX 종착역이 종점이 아닌 거점이 될 수 있기에 GTX의 파급 효과와 그 미래가치를 예측할 수 있다. 물론, 상당한 시일이 걸리겠지만, 이러한 개발 압력과 호재만으로도 기대심리에 의해 저평가됐던 지역의 부동산 가격은 발표·착공·개통단계에 지속 상승한다는 점을 알아야 한다.

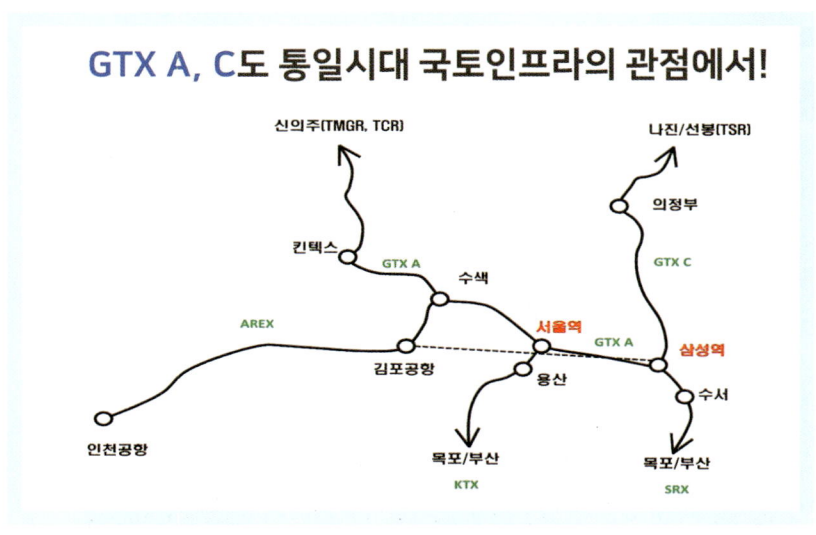

제5차 국토종합계획 수립을 위한 심포지엄(국토교통부 2018.3.)

GTX 역세권
오르고 또 오른다

앞에서 영국의 크로스레일 사례를 통해 GTX의 미래가치와 GTX를 어떤 관점으로 봐야 하는지 살펴봤다면, 이번에는 좀 더 자세히 GTX 노선별 역세권 수혜단지들의 시세를 분석해, 향후 GTX 역세권 단지의 가치를 판단해보자.

높은 사업성과 빠른 사업 속도 A노선 역세권 아파트

GTX-A노선은 GTX 노선 중에서 황금라인이라 불리고 있는 노선이다. 파주 운정역에서 서울역을 거쳐 삼성역과 성남, 동탄을 연결하는 노선으로, 가장 높은 사업성과 빠른 사업 속도만큼 관심도가 높다. A노선 역세권의 주요 아파트 가격은 발표 당시부터 착공 단계에 이르기까지 높은 상승률을 기록하고 있으며, 역세권 주변 개발 호재와 맞물려 향후 개통 시까지 상승할 가능성이 높을 것으로 분석된다.

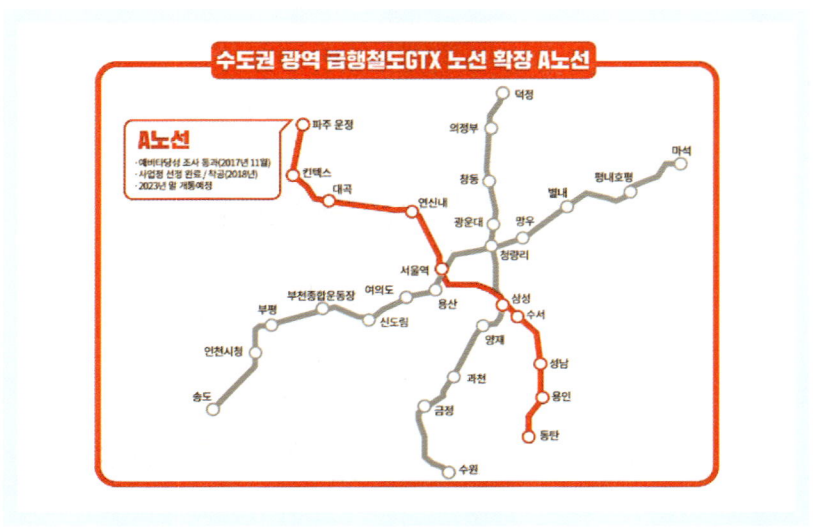

GTX-A노선

3기 신도시 여파로 타격을 맞았다는 일산과 운정신도시의 GTX 역세권 단지들은 상황이 다르다. 킨텍스역과 인접한 킨텍스 꿈에그린(2015년 6월 분양) 전용면적 84㎡는 분양가 4억 9,000만 원보다 2억 원 이상 오른 7억 7,000만 원에 거래가 이뤄졌다. 또한, A노선의 기점인 운정역 일대의 최근 분양단지의 시세 상승이 이어지고 있다. 운정신도시 센트럴 푸르지오(2015년 10월 분양) 전용 84㎡는 분양가(3억 5,500만 원)보다 1억 6,120만 원 오른 5억 1,620만 원에 거래됐으며, 일부는 2억 원가량 오른 가격에 매물로 나와 있는 것으로 나타났다. 또 입주예정단지의 분양권에도 프리미엄이 1억 원 이상 형성돼, 거래가 이뤄지기도 했다.

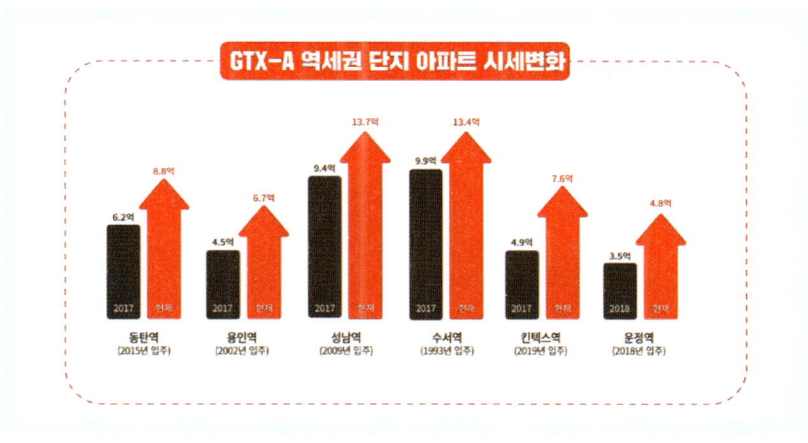

GTX-A 역세권 단지 아파트 시세 변화

동탄역 최고가 아파트인 더샵 센트럴시티는 전용 84㎡ 기준으로 2017년 대비 상승액이 6억 2,000만 원에서 2억 6,000만 원 오른 8억 8,000만 원으로(2019년 8월) 거래됐다. 한화 꿈에그린은 2017년 대비 5억 7,000만 원에서 2억 2,500만 원 오른 7억 9,500만 원(2019년 8월), 우남 퍼스트빌은 2017년 대비 5억 7,000만 원에서 2억 5,000만 원 오른 8억 2,000만 원(2019년 7월)에 거래됐다. 동탄역 초역세권인 롯데캐슬 주상복합 분양가는 84㎡ 기준 4억 8,200만 원으로 입주 시 시세는 더샵 센트럴시티 정도의 시세를 따라 프리미엄이 형성될 것으로 보인다. 용인 GTX 역세권 일대도 상승세는 마찬가지다. 용인GTX역 공공주택지구 개발 호재와 맞물려 구성역 주변 아파트인 LG연원자이아파트, 삼호벽산아파트, 구성 래미안 1차는 입주한 지 18~20년 된 구축아파트이지만, 최근 상승액은 2억 원 가까이 상승했다.

GTX-A노선 역세권 아파트가 일제히 착공 단계에 상승한 만큼 향후 개통단계에 추가 상승할 가능성이 크다. A노선이 '황금노선'이라고 불리고 있는 만큼 A노선 역세권 단지의 투자 가치는 반드시 주목해야 한다.

양주·수원 연장으로 사업성 확보한 C노선 역세권 아파트

그간 예비타당성 조사에 막혀 있던 GTX-C노선은 양주 덕정역과 수원역 연장으로 사업성을 확보했고, 2018년 1월 예비타당성 조사를 통과했다. 기본계획 수립 과정을 거쳐 2024년 말 개통을 목표로 하고 있어 역세권 단지들은 향후 착공 단계부터 개통 단계까지 상승해 수혜를 얻을 것으로 보인다.

수원역은 지하철 1호선, 분당선, KTX, 수인선 등 이미 구축된 철도 망과 과천의왕 고속화도로, 영동고속도로, 용인서울고속도로, 경부고속도로 등 사통팔달의 도로망까지 고루 갖추고 있어 서울까지 20~30분 이내 출퇴근이 가능한 우수한 접근성을 지니고 있다. 최근 부동산 불경기임에도 불구하고 수원역은 GTX 호재 등으로 소폭 상승한 가운데, 향후 추가 상승 가능성이 클 것으로 기대되는 지역이다. C노선 역세권 단지

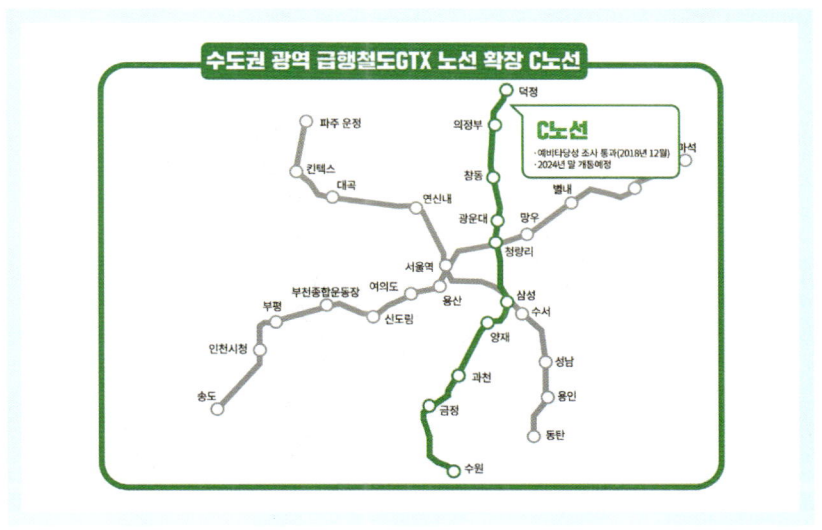

GTX-C노선

의 최대 수혜 지역은 단연 강남권인 과천역과 양재역이다. 과천 래미안 슈르 3단지는 2017년 84㎡ 기준 8억 4,000만 원에서 3억 3,000만 원 오른 11억 7,000만 원(2019년 8월) 거래됐으며, 양재 도곡 한신아파트는 84㎡ 기준 10억 원에서 4억 5,000만 원 오른 14억 5,000만 원(2019년 7월) 거래됐다. 또한, 창동 복합개발사업이 진행 중인 창동역 역세권 아파트도 1억 5,000만 원에서 2억 원 이상 상승했으며, 특히 교통 요충지인 청량리 래미안 크레시티는 2017년 매매가 대비 2019년 8월 기준 3억 원 이상 상승 거래됐다.

GTX-C노선 역세권 단지들도 A노선 역세권 단지가 착공 단계에 상승한 만큼 2021년 착공 시점(예정)에 상승할 가능성이 클 것으로 보인다. 특히 GTX 역세권 주변 개발사업과 맞물린 창동역, 청량리역과 강남권인 과천역, 양재역을 포함해 서울 접근성이 용이한 수원역도 관심 지역이다.

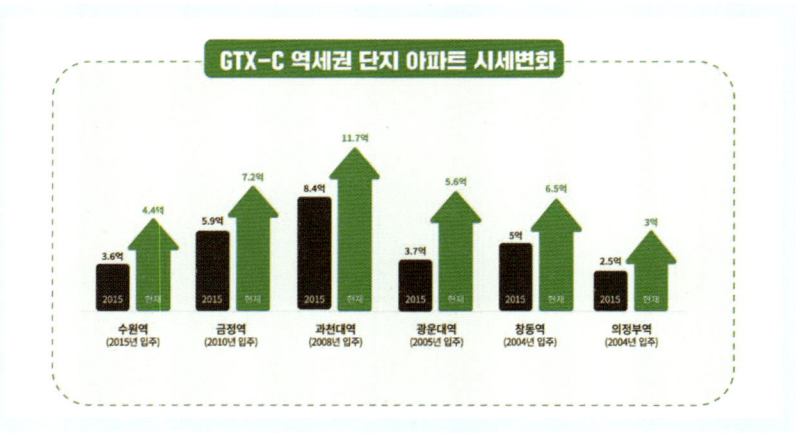

GTX-C 역세권 단지 아파트 시세 변화

3기 신도시 왕숙지구로 덕 본 B노선 역세권 아파트

가장 낮은 사업성으로 예비타당성통과가 어려웠던 GTX -B노선이 3기 신도시 왕숙지구 발표로 사업성을 확보해 2019년 8월 예·타를 통과하면서 사업이 확정됐다. 민자적격성 평가 및 기본계획수립 후 2025년 말에서 2027년 개통을 목표로 사업이 진행될 예정이다.

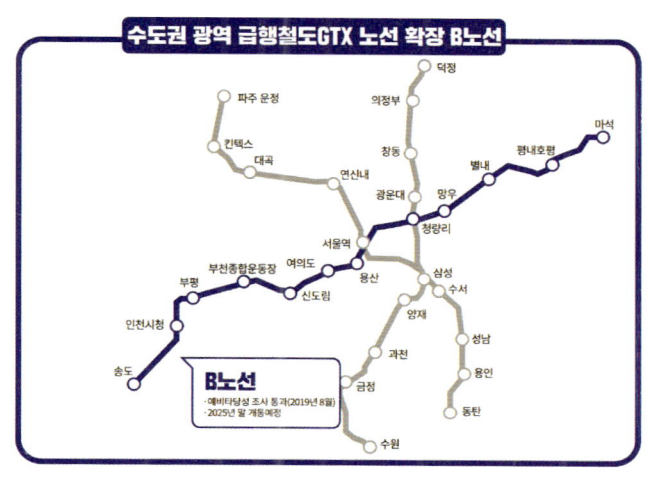

GTX-B노선

    B노선 사업이 본격화되면서 송도 GTX 예정역인 인천대입구역 주변 아파트가 심상치 않다. 송도 센트럴파크 푸르지오는 2017년 대비 2억 원가량 실거래가 됐으며, 2019년 9월 더샵 센트럴파크 3차는 평균 200 대 1이 넘을 정도로 청약 경쟁률이 급등하며 완판됐다. 송도역 역세권 수혜단지 뿐만 아니라, B노선의 주요 역세권 아파트 단지들도 2015년에서 2019년 9월까지 주요 역세권 아파트가 모두 상승했다는 것을 확인할 수 있다.

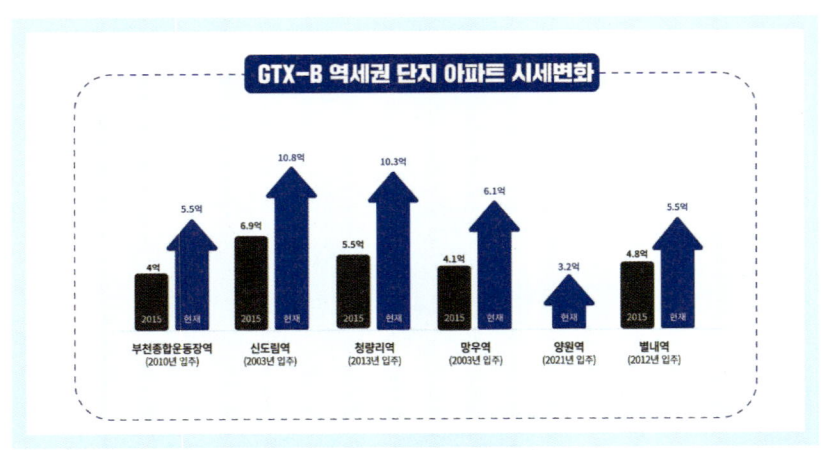

GTX-B 역세권 단지 아파트 시세 변화

앞에서 살펴봤듯이 대다수의 GTX 역세권 수혜단지는 발표 단계부터 착공 단계에 걸쳐 시세가 상승했다는 사실을 확인할 수 있으며, 향후 개통 단계까지 지속 상승할 가능성이 높다. 특히, GTX 역세권 주변에 각종 개발사업과 맞물린 지역의 미래가치가 높은 만큼, 역세권 개발사업이나 복합환승센터 개발 계획이 있는 지역을 선점한다면 성공 확률을 더욱 높일 수 있을 것이다.

혼돈의 부동산 시장
"GTX 역세권으로 피하고 토지로 바꿔라"

'비가 내리면 비가 내리지 않는 곳으로 가면 되고,
그게 어렵다면 우산을 쓰면 된다'

정부의 관심은 오직 주택 시장 안정화에 있다. 따라서, 부동산 투자를 통해 수익을 얻고자 한다면 상대적으로 규제가 적은 토지로 눈을 돌리길 바란다. '비가 내리지 않는 곳으로 가라!' 정부의 규제 정책과 굳이 맞설 이유가 있는가? 반면에 주택은 부동산 상품 중 필수 상품이다. 거주해야 하고, 보유해야 한다. 그렇다면 GTX 역세권 수혜단지를 선택하는 것이 현명한 방법이다. 아파트 투자와 실거주 모두 GTX 역세권이 해답이다. 이것이 '소나기는 피하고 우산 속으로 숨는 방법'일 것이다.

GTX-A, B, C노선의 사업이 본격화될수록 건설사와 분양업체의 홍보 안내장이 도배되고, 현지 공인중개사들은 'GTX 역세권 수혜단지'라는 홍보와 설명이 많아질 것이다. 또한, 투자층과 실수요층은 GTX에 대한 관심도가 점점 높아질 것이다. 이 책을 읽고 있는 당신이 만약 GTX 역세권의 파급 효과와 가치를 인정하고 있다면 이런 수혜를 받게 될 것이다.

'토지 투자' 이곳은 비가 내리지 않는다. 비주거용 상품 중에서 차익형 상품으로 단연 토지 투자를 꼽을 수 있다. 토지 투자는 진입장벽이 높다 보니, 일부 소수 계층만이 투자하고 있다. 하지만 **토지 투자는 토익보다 훨씬 쉽고, 수익형 투자는 수학보다 어렵지 않다.** 특히, 토지 투자는 공부해서 잘만 하면 대박이 나는 부동산 상품 중 '금싸라기'라 할 수 있다. 반면에 아파트와 같은 주거용 상품은 부동산 규제와 맞서야 하고, 시장 상황과 입지 및 수요층 분석 등 체크해야 할 요소들이 많다.

땅은 지역 바람을 탄다. 따라서 땅은 지역 선정만 잘하면 대박이 날 수 있다. 예를 들어, 2005년 행정복합도시 건설사업이 본격화되면서 세종시 땅값이 폭등했으며, 그 땅값 상승은 논산 지역까지 영향을 미쳤다. 2008년 평택에 바람이 불었고, 2018년 남북정상회담에 의한 기대심리가 급상승해 파주 접경 지역 땅값이 폭등했다. 2019년에는 SK하이닉스 반도체 클러스터 부지가 용인 원삼면으로 확정되면서 땅값이 올랐다. 따라서 땅은 지역 선정이 최우선이며, 향후 바람 불 지역만 잘 선택하면 된다. 이렇듯 토지 투자는 아파트보다 상대적으로 규제가 적고 체크해야 할 요소들이 많지 않으며, 너도나도 전문가인 아파트보다 경쟁자도 많

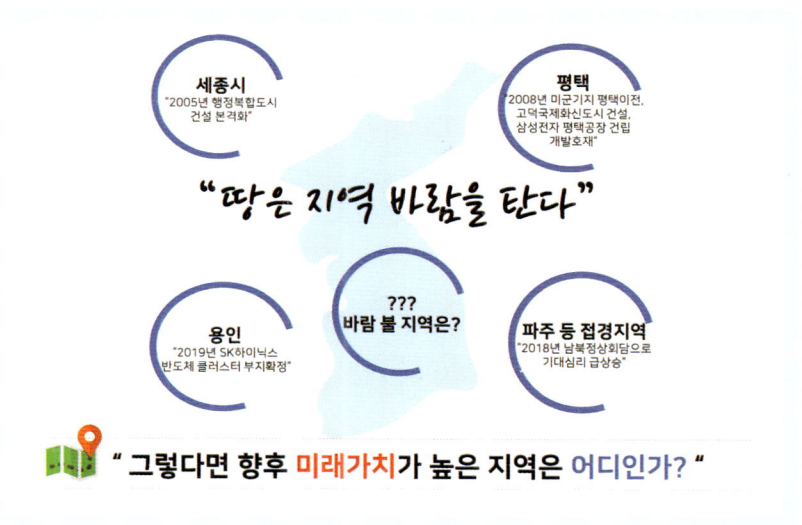

"연도별 땅값 오른 지역" 땅은 지역 바람을 탄다

지 않다. 이것이 아파트보다 토지 투자가 더 쉬운 이유다.

지금까지 정부의 부동산 규제와 시장 상황을 분석해보고, GTX 역세권 부동산의 가치를 자세히 다뤄봤다. 2장부터는 본론으로 들어가 어떻게 하면 부동산 투자를 잘할 수 있는지, 대한민국 1%만 아는 부동산 투자 비법을 구체적으로 제시하겠다.

강남 아파트, 넌 2배 올랐니?
내 땅은 5배 올랐다!

"대한민국 부동산 시장은 강남 아파트를 중심으로 흐른다"라는 말이 있을 정도로 대부분 사람들의 부동산 투자처는 단연 강남이다. 하지만 과연 강남 아파트가 1등 투자처일까? 만약 당신이 수십억 자산가라면 한번 도전해볼 일이다. 물론 전세를 끼고(갭 투자) 한다면 그보다는 적은 자금 대로 투자가 가능하지만, 이조차도 적지 않은 현금이 필요하다. 그래서 강남 아파트 시장은 이미 "그들만의 리그"가 돼버렸다.

강남 아파트 10년 동안 얼마나 올랐나?

먼저 대표적인 강남8학군 대표주자 대치(개포) 우성 아파트 시세를 살펴보면, 전용 85㎡ 기준으로 2009년 8월 13억 원이다. 10년 후인 현재

22억 원으로 약 1.7배 올라 상승률은 2배에 못 미친다는 것을 확인할 수 있다.

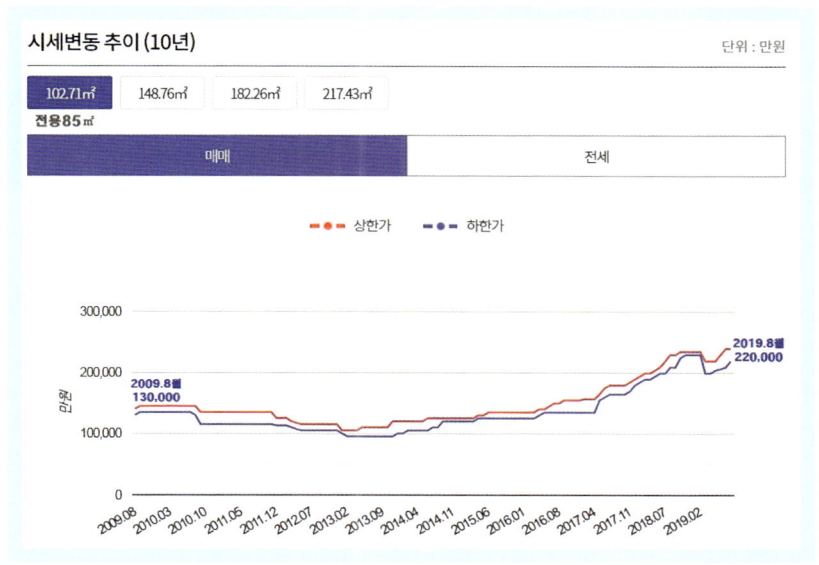

대치 우성 아파트 시세변동 추이 (부동산114 시세정보)

최근에 고위 공직자의 방배동 삼익 아파트가 화제다. 서초구 방배동 아파트(전용 151㎡)는 부동산 전문가들이 좋은 투자처로 보고 있는 아파트 중 하나인데, 해당 고위 공직자가 9억 원 넘는 돈으로 이 아파트를 샀고 현재 시세는 20억 원 선으로 재건축이 완료되면 30억 원까지 상승할 것이라 예상하고 있다. 물론 좋은 투자처로 보인다. 그렇다면 이 아파트는 과연 얼마나 올랐을까? 부동산 시장이 불경기였던 2013년에 9억 원으로 사들여 2019년 현재 시세는 약 19억 원 선으로, 6년간 대략 2배 정도 올랐다는 것을 알 수 있다. 재건축 완료 때까지 보면 앞으로 못해도 10년을 더 기다려야 한다는 말인데, 그렇게 10년을 더 기다려서야 비로소 20억 원에서 30억 원으로 약 1.5배 더 오른 것에 불과하다.

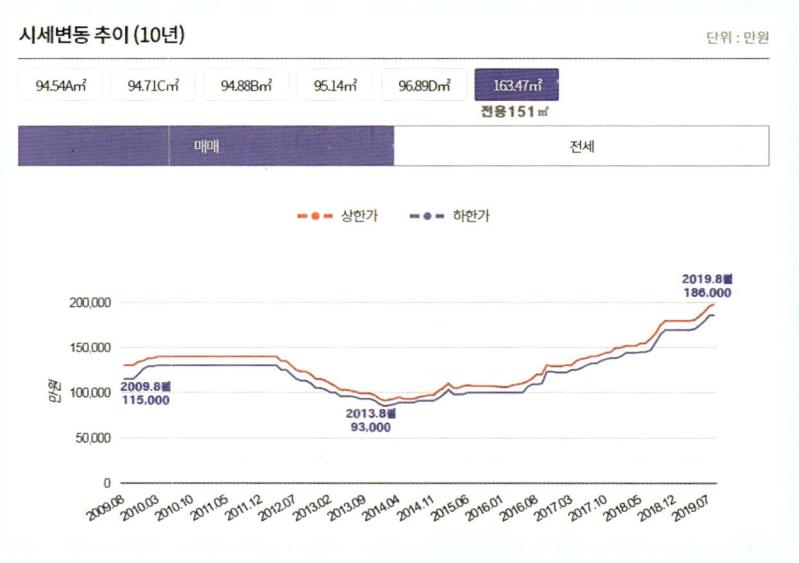

방배동 삼익 아파트 시세변동 추이(부동산114 시세정보)

위 시세변동 추이에서 착안해야 할 2가지 요소가 있다. 첫째로 아파트 시장은 주택 정책, 경기 등에 민감해 시장 상황에 따라 상승과 하락을 반복하기 때문에 하락과 상승의 변곡점을 맞춰야 한다는 리스크가 존재한다. 두 번째는 강남 아파트의 투자 자산 단위가 크다 보니 상대적으로 높은 차익을 남긴 것으로 인식되고 있지만, 기간 대비해서 10년 동안 2배 정도의 상승 폭이 있었을 뿐이다. 다시 말해서 1억 원이 10년간 2배 오르면 2억 원이지만, 10억 원이 2배 오르면 20억 원이다. 느끼는 체감이 다르다는 것이다. 이것이 팩트다.

5년 동안 2~3배, 10년 동안 5배 오른 곳은?

5년 동안 2~3배, 10년 동안 5배 꾸준히 오른 곳이 있다. 또한, 강남아파트처럼 많은 자본금이 필요하지도 않으며, 정부의 개입으로 주택 정책과 경기에 상대적으로 민감하지도 않다. 특히 소액으로도 충분히 차익을 남길 수 있다. 이런 투자가 바로 땅이다. 아파트로 돈을 벌어본 사람은 아파트에 재투자하는 경향이 있다. 부동산의 원재료인 토지에 조금만 눈을 돌리면 땅의 대단한 가치를 알 수 있을 것이다. 땅도 마찬가지로 오르는 지역은 따로 있다. 올랐던 지역은 또 오른다는 사례가 있듯이 올랐던 지역의 땅을 살펴보면 향후에 땅값이 오를 지역을 알 수 있다.

땅은 입지에 따라 개별성이 크기 때문에 아파트처럼 정확한 시세변동 추이를 알 수가 없다. 정확한 시세를 알 수 없다는 것은 땅을 사는 사람에겐 단점이지만, 파는 사람에겐 장점이 될 수 있다. 따라서 땅에만 부여되는 개별공시지가를 기준으로 상승률을 분석하는 것이 타당하다.

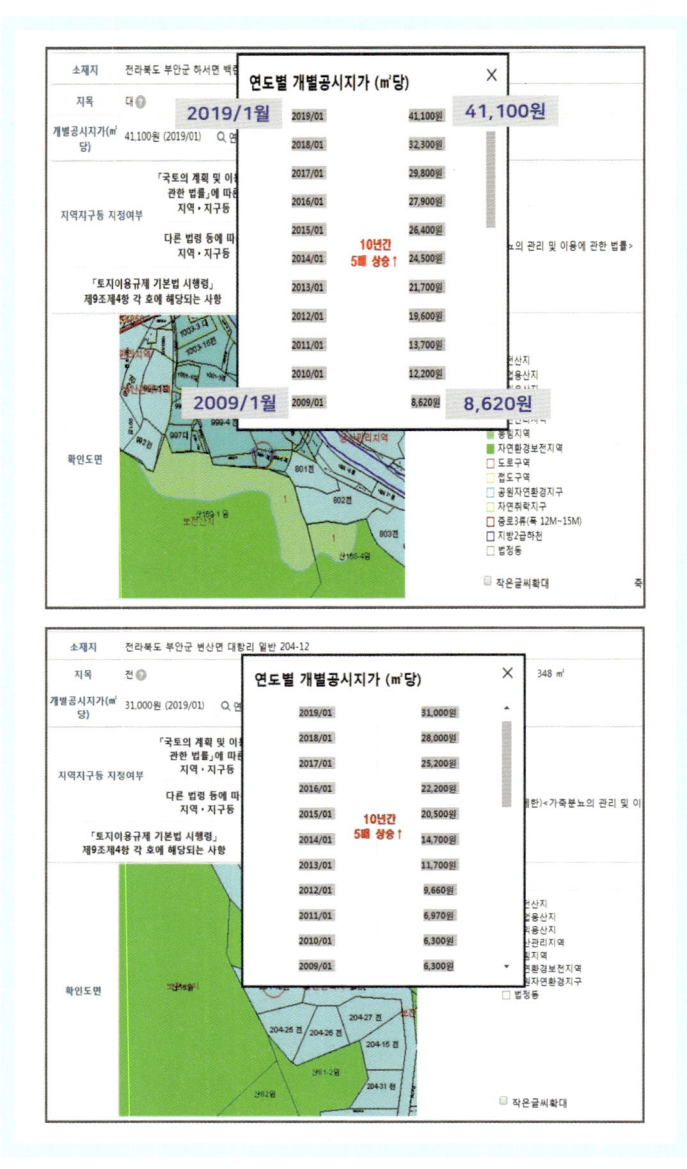

10년간 땅값 5배 상승한 지역의 사례(토지이용계획확인원)

전라북도 부안군 하서면 일대의 계획관리지역의 땅은 2009년 1월 기준 개별공시지가가 ㎡당 8,620원이었으며, 2019년 1월 기준 41,100원으로 약 4.8배 정도 올랐다. 최근 5년 동안 상승 폭은 약 2배 정도다. 또한, 변산면 일대의 계획관리지역 땅도 2009년 1월 기준 ㎡당 6,300원이었으나 2019년 1월 기준 약 5배 오른 31,000원이다. 오르기도 올랐지만 눈여겨봐야 할 것은 10년 동안 단 한 번도 떨어진 적이 없었다는 것이다. 이 지역의 땅은 정부주도 국책사업인 새만금 인근 지역이다. 이 지역의 감정 평가액은 무려 공시지가의 3배 이상으로 개발 호재에 따라 인근 지역 땅값은 반드시 오른다는 사례를 그대로 숫자로 보여주고 있다. 향후에도 새만금 개발속도에 따라 지속적으로 땅값이 오를 가능성은 충분할 것이다. 오르는 지역은 또 오르기 때문이다. 오르는 지역을 선별하는 것도 매우 중요한 투자 포인트다.

사람들은 토지 투자가 환금성이 떨어진다고 말한다. 그렇다면 당신의 아파트는 잘 팔리는가? 아파트는 부동산 정책과 경기에 민감해 차트와 변곡점을 예측하고 살 때와 팔아야 할 때를 분석해야 하는 어려움이 있다. 반면에 땅은 지역에 따라 바람을 타고 움직인다. 국토계획과 도시계획을 미리 공부하고 바람이 불 때 매도하면 된다. 아파트보다 오히려 환금성이 좋을 수 있다는 것이다. 연일 보도되는 언론에서 강남 집값 폭등을 외친다. 시세변동 추이를 보면 고작 10년에 2배 올랐는데, 과연 무엇이 폭등인가? 물론 강남 아파트는 대한민국 부동산의 투자 1번지임에는 부정할 수 없다. 다만, 이보다 좋은 투자처는 얼마든지 있다는 것을 알아야 한다.

　부동산 투자를 부동산의 원재료인 땅으로 보면 강남 아파트보다 높은 차익을 남길 수 있다. 혼돈의 부동산 시장 속에서 오해와 진실을 분별할 줄 아는 식견을 갖추길 바란다. 앞으로 10년을 준비하는 선견지명으로 똑똑하고 현명하게 부동산 투자에 임해보자.

Part 2.

대한민국 1%만 아는
부동산 투자 비법은 따로 있다

뛰는 집 위에 규제 있고
나는 땅 위에 부유층 있다

"집은 사는 곳이지, 투기하는 곳이 아니다." 국토교통부장관(김현미)의 말이다. 대한민국의 매력적인 투자 상품은 단연 부동산임에는 부정할 수 없는 것이 사실이다. 하지만 집값이 오르면 정부가 나서서 대출 규제에 전매 제한, 세금 제도를 강화하는 등 각종 규제로 틀어막는다. 반면에 부유층(대기업, 고위관료층 등)은 땅을 산다. 대다수의 많은 사람들이 아파트 분양 시장을 기웃거리는 동안 부유층은 아파트를 지을 땅을 찾는다.

주택은 사람이 거주해야 하는 필수 상품이다. 주택의 투기 수요가 증가하면 집값이 폭등하게 되고, 서민의 주거 생활이 어렵게 되는 공공성의 문제가 있다. 하지만 내 돈을 들여 산 집값이 내려가고 다른 사람이 산 집값이 오른다면 상대적 박탈감에 놓이게 된다. 개인의 이익과 공공의 문제라는 이유에서 정부의 시장 개입은 어찌 보면 당연하다. 주택을 투기의 수단으로 생각하고 갭 투자(매매 가격과 전세 가격의 차이)를 통해 수십 채의 집을 사는 사람이 많아질수록 서민들은 더욱 집을 구하기 어려워진다.

필자인 나는 몇 해 전 이런 갭 투자를 조장하는 사람이 쓴 책을 본 적이 있었다. 그 책은 베스트셀러에 오르기도 했다. 정부의 주택 규제로 인해 주택 가격이 하락하자 경매 물건이 속출했고 전세금을 돌려받지 못한 피해자들이 생겨났다. 물론 이 책을 쓴 당사자는 많은 사람들로부터 외면당했다는 얘기도 들었다. 집은 부동산의 필수 상품이다. 그리고 내가 산 집값은 반드시 올라야 한다. 그렇다면 어떻게 해야 할까? 바로 **똑똑한 한 채**를 사면 된다. 만약 당신이 수도권에 살고 있거나 살기 원한다면, GTX 역세권 수혜단지를 찾아 나서라. 앞장에서도 언급했듯이 GTX의 파급 효과와 가치를 인정하는 순간 당신은 수혜자가 될 것이다.

GTX 역세권 수혜단지 '똑똑한 한 채'면 충분하다

"**빈자는 부자의 땅을 빌려 1년 내내 고생해도 먹을 게 없고, 부자는 편히 앉아 소출의 대부분을 먹는다.**" 고려 말, 정도전이 나라 사정을 두고 탄식한 말이지만, 500년이 더 지난 지금도 사정은 그다지 변하지 않았다. 부자는 더 큰 부자가 되어가고 빈자는 더욱 살기 힘들어지는 것이 현실이다.

자본주의의 생산 3요소가 토지, 자본, 노동이다. 그중에서 **토지는 생**

산소소의 기본이자 부동산의 원재료다. 그러나 안타깝게도 대한민국 10명 중의 7명은 1평의 땅도 갖고 있지 않다는 사실을 알고 있는가? 실제로 국토교통부 자료를 보면 2018년 기준 우리나라 전체 5,178만 명 중에서 32.6%인 1,690만 명이 토지를 소유하고 있고, 토지를 소유한 사람 중에서도 상위 10%만이 전체 토지의 절반 이상을 보유하고 있다는 결과가 나왔다. 대한민국에서 땅을 소유한 사람이 10명 중의 3명이라는 말인데 당신은 어느 쪽에 해당하는가?

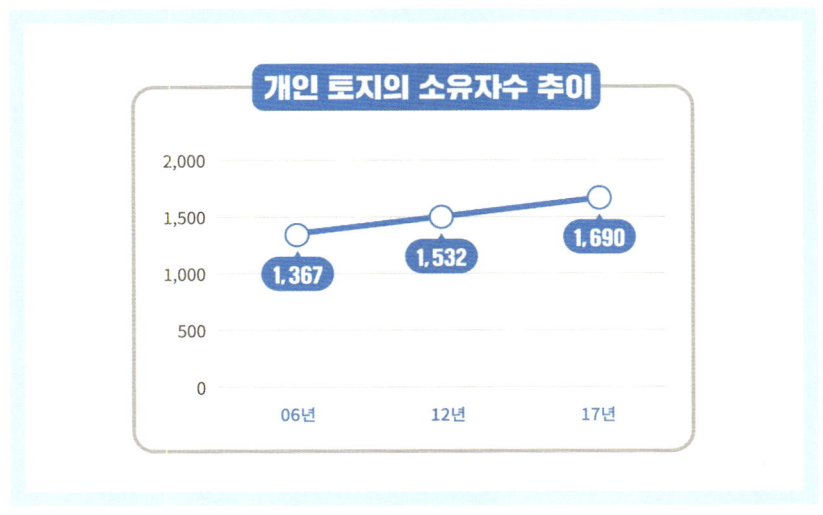

개인 토지 소유자수 추이(국토교통부, 2018)

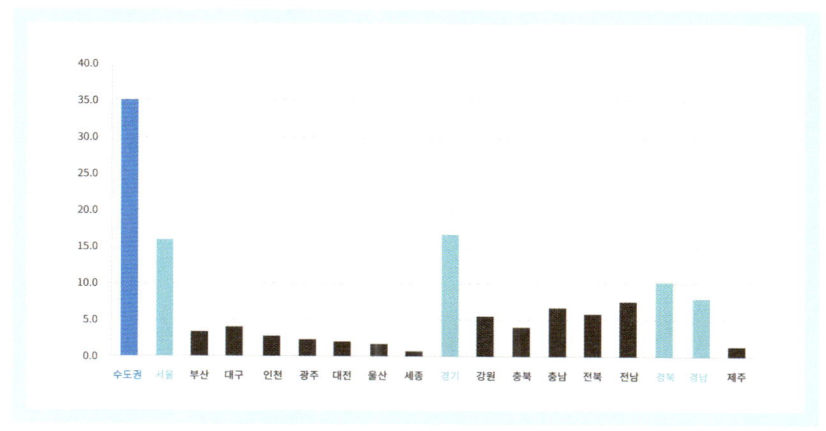

지역별 토지 소유자 현황(국토교통부, 2018)

"진정한 부자는 땅을 소유한다."

누구나 경제적 자유를 꿈꾸며 부자가 되길 원한다. 대한민국에서 부자가 되길 원하는가? 그렇다면 자본주의 생산 요소의 기본인 토지를 소유하고자 하는 강한 의지와 간절한 마음부터 지녀라. 그다음은 현명하고 똑똑하게 토지 투자를 제대로 하는 방법을 공부하면 된다. 토지 투자를 왜 못하는가? 대부분 "땅은 어렵다, 땅은 사기다. 땅은 돈이 많이 있어야 한다. 땅은 환금성이 떨어진다"라는 식으로 잘못 인식되고 있기 때문이다. 하지만 땅은 생각보다 어렵지 않고, 오히려 제대로만 알고 하면 부동산 재테크에서 또 다른 기회임에 틀림없다.

식재료가 비싼가?
잘 차려진 밥상이 비싼가?

　사람들은 누구나 부자가 되고 싶어 한다. 하지만 다수는 가난하게 남고, 몇몇은 부자가 된다. 필자는 부자와 관련한 수많은 책들을 읽어왔다. 그리고 부자가 되는 방법 중 여러 가지가 있지만, 공통된 하나의 특징을 찾을 수 있었다. 그것은 자신의 생각과 시스템을 바꾸는 것인데, 바로 소비자가 아닌 생산자가 되는 것이다. 생산자가 되어야 부를 쌓을 수 있다. 생산과 소비 시스템 속에서 부속품이 아니라 주체가 되어야 한다. 그 원리는 아주 간단하다. 자본주의 생산요소를 점유하면 된다. 생산수단을 점유해야 늙어서도 내가 직접 일하지 않고도 돈을 벌 수 있고, 또한 자녀에게 물려주어 부의 대물림을 할 수 있다. 우리는 자본주의의 생산수단인 토지와 자본에 대한 보다 체계적인 이해가 필요하다. 모든 부동산의 원재료는 토지다.

부동산으로 가장 큰 부자가 된 대다수 사람들의 공통점은 자신의 자본금으로 토지에 투자해 돈을 벌었다는 것이다. 우리는 먼저 종잣돈을 모으는 일에 집중해야 한다. 그리고 틈틈이 가치를 향상시킬 수 있는 것을 찾으려 노력하고 돈이 굴러가는 사업과 상품 등에 투자해야 한다. 그것이 부의 가치를 높일 수 있는 것이라면, 부자처럼 아낌없이 투자해야 한다. 노동을 통해 종잣돈을 만들고 땅을 모으는 일은 자본주의 시장에서 경제적 자유를 얻을 수 있는 기본이다.

대한민국의 매력적인 투자 상품은 단연 부동산이다. 그중에서도 부동산의 원재료인 토지는 주로 부유층이 관심을 갖고 있다. 대다수의 많은 사람들이 아파트 모델하우스에 몰릴 때, 부자들과 대기업은 이미 아파트가 들어서는 땅으로 돈을 벌고 빠져나온다. 대다수 사람들보다 한 발 빠르게 움직이다 보니, 따라갈 수 없는 양극화가 생기게 되는 것이다. 부동산이란 토지 및 그 정착물이다. 토지에 아파트를 짓고, 상가나 공장, 창고 등을 짓는다. 토지를 가공해서 완제품을 만들어내는 것이다. 그렇다면 부동산의 완제품인 아파트가 비싼가? 부동산의 원재료인 아파트가 들어설 땅이 비싼가? 땅을 소유하면 건물을 지을 수도 있고 조합원이 되기도 한다. 이런 땅을 소유하면 부동산의 생산자가 되는 것이다. 토지를 알면 부자가 될 수 있다. 부동산의 완제품인 아파트를 찾아다니는 것이 아니라 아파트가 지어질 땅을 찾아다니는 것, 즉 부동산 투자의 패러다임을 집테크(소비자)에서 땅테크(생산자)로 전환하는 것이 진정한 부동산 고수가 되는 길이다.

> **- 30평 아파트 Vs 30평 땅 -**
>
> '갑'은 30평대 아파트를 자신의 종잣돈 1억 원과 은행에서 2억 5000만 원 담보대출을 받아 내 집 마련의 꿈을 이뤘다. 하지만 원금과 이자를 매월 140만 원씩 20년 동안 갚아나가야 하는 부담과, 나이가 들수록 일자리 위기감에 대출금 상환까지 쪼들리며 경매로 넘어갈 위기까지 내몰렸다. 반면에 '을'은 자신의 종잣돈 5,000만 원으로 30평 땅을 매입했으며 3년이 되던 시점, 해당 토지에 대한 도시개발사업 조합원이 결성되고 5년째 착공에 이르러 조합원 입주권을 받았다.

위 사례처럼 대다수 사람들은 은행에 담보대출을 받아 내 집 마련에 꿈을 이뤘다고 생각한다. 하지만 결국 은행에 근저당이 잡힌 상태로 원금과 이자를 갚아나가는 것이니, 실제로는 은행에 월세를 내는 세입자일 뿐이다. 하지만 자신의 종잣돈 5,000만 원으로 30평 땅을 소유한 사람처럼 도시개발사업이 추진 중인 구역 내 토지를 소유하게 되면 훨씬 싸게 아파트가 될 땅을 얻게 된다. 이처럼 땅을 제대로 알면 남들과 다르게 부동산 투자에 성공할 수 있으며, 부동산의 생산자가 될 수 있다.

이미 많은 사람들이 알고 있고, 다 하고 있는 방법으로는 돈을 많이 벌 수 없다.

핵심은 "차별화·희소성·타이밍"이다.

땅의 변신은 3개, 그중 초대박은 '용도 변경'

　부동산의 원재료인 토지를 알아야만 생산자가 될 수 있고, 부자의 길로 갈 수 있다. 대부분의 사람들이 토지 투자에 실패하는 이유는 토지를 제대로 공부하지 않고 전문가에게 의존하거나 지인의 말만 믿고 무리한 투자를 하기 때문이다. 토지 투자가 토익을 공부하는 것보다 훨씬 쉽다. 하지만 기초적인 학습과 제대로 알지 못한 상태에서 투자한다면 많은 기회비용을 지불해야 할 것이다. 부동산은 각종 법률과 제도로 이루어져 있다. 필자인 나는 대학에서 부동산학을 전공하면서 이론과 실무의 대립을 많이 느꼈다. 공부하는 이유는 잘 먹고 잘살기 위함인데, 그저 공허함만 남았을 뿐이다. 하지만 투자적인 관점에서 반드시 학습해야 할 과목이 있다. 바로 공법이다. 공법의 많은 내용 중 투자 관점에서 꼭 필요한 내용은 영어 알파벳처럼 숙지해야 한다.

땅은 원형지 그대로 두어도 지역 바람이 불면, 기대심리에 의해 땅값이 상승한다. 하지만 바람이 언제 어디로 불어올지 알 수 없기 때문에 스스로 땅을 개발해서 땅의 가치를 올려야 한다. 땅을 개발하면 용도가 변경돼 땅값이 상승한다. 땅의 변신으로 땅값이 상승하는 것이다. 땅의 변신 중 지목과 형질 변경은 땅주인인 내가 직접 해당 지자체에 인허가를 받아 변경하는 것이다. 반면에 용도 변경은 땅주인인 내가 신청하는 것이 아니라 국가나 지자체에서 도시관리계획 변경으로 변경되는 것이다.

구분	내용	요건
지목 변경	공부상 지목을 다른 지목으로 바꾸는 행위 ▶ 전, 답, 임야 → 대지	건축허가·개발행위 등으로 땅이나 건축물 용도 변경
형질 변경	절토, 성토, 정지작업 등 땅의 모양을 바꾸는 행위 ▶ 농지 전용, 산지 전용	개발행위 허가
용도 변경	토지의 용도 지역을 바꾸는 행위 ▶ 농림→관리·주거·상업	도시관리계획의 변경

토지 가치 상승 방법(지목·형질·용도 변경)

지목과 형질 변경으로 땅의 가치를 올릴 수 있는 사례를 알아보자. 다음 지역은 전라북도 부안군 변산면 일대 땅으로 계획관리지역(자연취락지구)에 속한 지목이 '전'인 땅으로 감정 가격의 60%에 낙찰되었다.

지목·형질 변경 사례

　　변산반도 해안 인근 취락지구 내 토지 경매 물건으로 주변에 가정집과 펜션 및 숙박시설이 공존하고 있다. 해당 토지 도로 맞은편에 펜션이 위치해 있어 인허가 절차를 통해 지목과 형질 변경 후 토지의 이용가치를 높일 수 있다. 주변 시세 대비 절반 수준에 낙찰을 받아 분할 매도한다면 최소 3~5배 이상 수익을 얻을 수 있게 된다.

부안군 변산면 경매물건 입지 분석

북측으로 새만금 개발지가 위치해 있고 남측으로는 변산 리조트가 위치해 있어 관광 휴양지로 미래가치가 높은 지역이다. 새만금 개발사업으로 미래가치가 상승할 가능성이 높고, 토지의 지목과 형질 변경으로 이용가치를 높여 땅값을 올릴 수 있다.

부안군 변산면 경매물건 지목·형질 변경

또 하나의 사례는 경기도 파주시 서패동 일대 계획관리 임야다. 해당 부지는 심학산 자락에 위치한 임야로서 '돌곶이 마을'로도 유명하다. 지목과 형질 변경을 통해 주택 및 상가부지로 토지의 이용가치를 높인 이곳은 원형지 대비 최소 3~5배 차익을 얻을 수 있고, 주변에 운정신도시 등 인구가 계속 증가하고 있어 수익성이 높아 땅값은 더 오를 것으로 보인다.

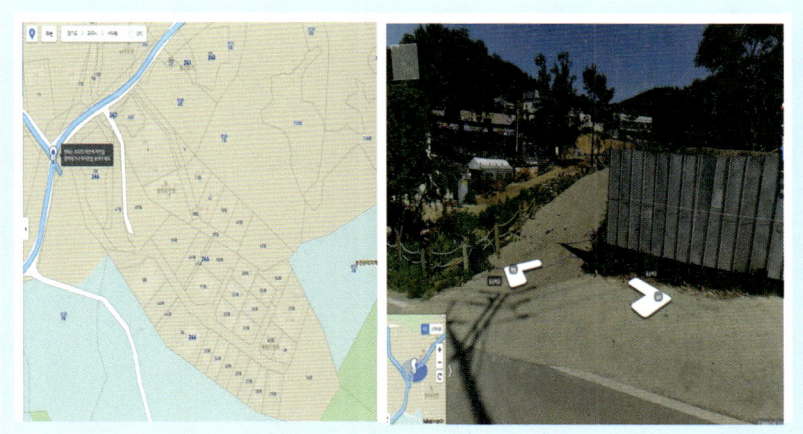

파주시 서패동 지목·형질 변경 사례

다음 그림은 현지에 나온 파주 월롱면에 위치한 공장 및 창고 용지의 계획관리지역의 임야다. 해당 토지 앞에 운전전문학원이 신축되었으며, 인근 지역에 신축된 공장과 창고 시설들이 즐비하다. 월롱역과 인접하고 향후 개통 예정인 서울문산고속도로, 수도권제2순환고속도로 월롱IC와 5분 거리에 위치해 있다. 해당 토지는 지목과 형질 변경을 통해 공장 및 창고 용지로 토지의 이용가치를 높일 수 있으며, 향후 고속도로 개통 시 미래가치 상승 효과를 동시에 얻을 수 있을 것으로 보인다.

파주시 월롱면 지목·형질 변경 사례

　토지 이용가치를 높이기 위한 토지 개발절차는 아래와 같이 진행하면 된다. 해당 시·군청 앞 건축·토목설계사무소에 문의하면 어려운 절차를 간단히 해결할 수 있다.

1단계	농지(전, 답, 과수원), 산지(임야) 등 매입
2단계	개발행위 허가 득
3단계	부지조성공사
4단계	건축공사
5단계	개발행위 허가 준공
6단계	지목변경(대지, 공장용지, 창고용지 등)

이렇게 지목과 형질 변경을 통해서 토지의 이용가치를 높여 땅값을 올릴 수 있다. 다만, 인허가 절차, 개발전용부담금, 공사비 등 시간과 노력, 돈이 투입되어야 한다. 해당 토지의 수익성 등을 잘 따져봐야 한다. 섣불리 해서는 큰 낭패를 볼 수 있기 때문이다.

반면에, 내가 직접 손을 쓰지 않아도 땅의 용도가 변하는 '용도 변경'이야말로 토지 투자의 황금알이라는 사실은 누구도 부인할 수 없을 것이다. 용도 변경은 주로 개발사업으로 인해 용도가 변경되거나, 주변의 개발 압력으로 농림 지역 해제 및 변경 등과 같이 '도시관리계획의 변경'에 의해 변경된다. 예를 들어, 농림 지역이 관리 지역으로, 녹지 지역이 주거 지역으로 상향 변경되는 것이다. 이렇게 되면 토지의 이용가치가 높아져 땅값이 오르게 된다. 염두에 둘 것은, 국가나 지자체의 도시관리계획의 변경은 땅주인인 내가 직접 신청한다고 변경되는 것은 아니다.

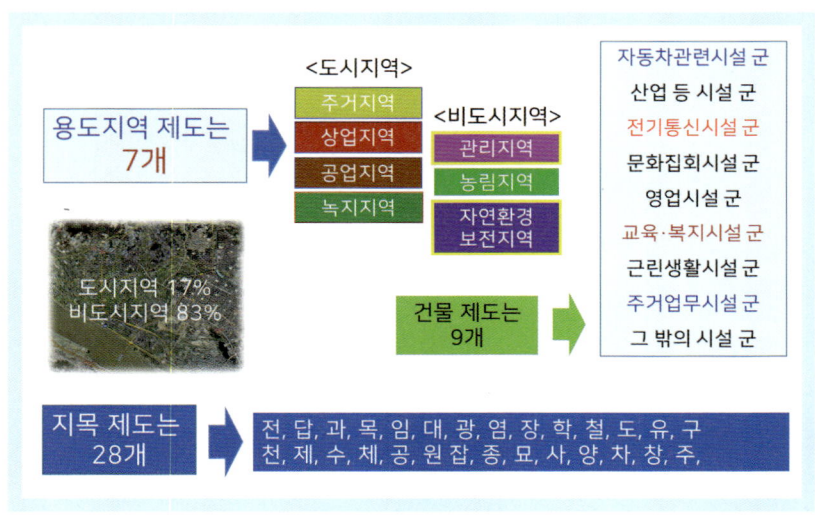

용도 지역, 지목, 건물 제도

용도가 변경되는 지역을 쉽게 찾을 수 있는 곳은 '개발사업 대상지'이다. 개발 대상지는 도시관리계획으로 용도 변경 절차를 거친다. 개발구역 내 원형지 토지를 용도가 바뀐 새로운 땅으로 돌려받는 것인데, 만약 이렇게만 된다면 얼마나 좋은 일이겠는가? 개발지 투자는 개발사업의 법률과 제도를 제대로 알면 용도가 바뀐 새로운 땅으로 돌려받는 행운을 얻을 수 있다. 그럼 지금부터 새 땅으로 돌려받는 개발지 투자에 대해 자세히 알아보자.

새 땅으로 돌려받는 2개의 개발사업

국토의 계획 및 이용에 관한 법률에 의해 모든 땅은 용도가 정해져 있다. 땅값은 주로 5년마다 폭등하는데, 5년 단위로 도시계획이 변경되기 때문이다. 이런 용도가 바뀔 지역의 정보를 선점하는 것이 무엇보다 중요하지만, 정보를 사전에 얻기란 쉬운 일이 아니다. 따라서 용도가 바뀔 지역, 용도가 변경될 예정인 개발 대상 지역 내 투자하는 것이 최선의 방법일 것이다.

"**토지 투자의 꽃은 개발이다.**" 개발사업을 알아야만 토지 투자에 성공할 수 있다. 개발사업은 법률과 제도를 알아야 하는데, 그 내용이 방대하고 어려운 용어들이 많다. 이해를 돕기 위해 최대한 쉽게 풀어서 쓰려고 노력했다. 만약 관심 있는 부분 중 이해하기 어렵거나 더 자세히 알고 싶은 사항이 있다면 부자사관학교에 입문하길 권한다. 많은 도움이 되리라 믿는다.

우리나라는 주택을 공급하기 위한 제도로 2개의 대표적인 개발사업이 있다. 정부가 주도하는 택지개발사업과 민간·공공이 주도하는 도시개발사업이다.

구분	택지개발사업(택지개발촉진법)	도시개발사업(도시개발법)
사업 목적	특별법의 지위로서 주택 공급 목적으로 도시 외곽의 신도시 개발에 적용	다양한 용도 및 기능의 단지나 시가지 조성
상위 계획	주택종합계획	도시기본계획
사업 방식	수용 방식	수용, 환지, 혼용 방식 중 선택
시행	공공사업자만 시행 가능(민간 공동시행 허용)	공공, 민간, 민관공동 등 다양한 사업 시행 가능

택지개발사업 Vs 도시개발사업

택지개발사업은 정부의 주택 공급 정책에 의해 1기, 2기, 3기 신도시와 같이 대상지를 선정해 택지를 조성한 후 건설사 또는 일반에게 공급하는 사업이다. '택지개발 촉진법'에 의한 택지개발사업의 사업 방식은 공익사업을 위한 토지 등의 취득 및 보상에 관한 법률에 의한 사용·수용 방식이다. 주로 한국토지주택공사(LH)에서 사업을 시행한다. 반면에, 도시개발사업은 '도시개발법'에 의해 도시기본계획에 의거, 개발이 가능한 용도로 지정된 지역에 한해 이를 도시개발구역으로 지정해 시가지나 단지로 조성하는 사업을 말한다. 사업 방식은 수용·환지·혼용 방식 중 선택해 진행하며, 주로 민간·공공·민관공동 등 다양한 사업 시행이 가능하다.

2개의 사업 방식 이해하기 '수용 방식 vs 환지 방식'

해당 개발사업 대상지의 입지도 중요하지만, 더욱 중요한 것은 사업 방식이다. 사업 방식은 수용 방식과 환지 방식으로 구분할 수 있는데, 모두 새 땅으로 돌려받을 수 있으나, 절차와 조건 등 여러 방면에서 다르다. 수용 방식은 LH 등 공공기관이 '공익사업을 위한 토지 등의 취득 및 보상에 관한 법률'에 의해 토지를 매수해 택지로 조성한 후 건설회사 및 일반인에게 공급하는 방식이다. 따라서 LH 등 시행자가 토지를 매수하는 현금 보상이 원칙이다. 다만, 토지주가 원할 경우 대토(代土) 등 택지로 받을 수 있다. 환지 방식은 바꿀 환(換) 땅 지(地)의 뜻으로, 말 그대로 새 땅으로 바꿔준다는 것이다. 따라서 환지 방식은 원칙이 환지(換地)이며, 예외가 현금 보상이다. 이 외에도 수용 방식과 환지 방식은 많은 차이가 있는데 크게 다음 5가지로 요약된다.

첫째, 사업 근거의 차이 - 수용 방식은 토지 보상법에 따라 공공사업지구 내의 토지를 시행자가 보상 또는 수용해 사업을 시행하는 방식이나, 환지 방식은 토지 보상법을 적용하지 않고 도시개발법을 적용해 지구 내 토지의 소유자에게 정리 후 토지로 환지하는 방식이다.

둘째, 사업 시행자의 차이 - 수용 방식은 일반적으로 국가, 지자체,

LH, 지방공사 등이 사업을 시행하는 데 반해 환지 방식은 원칙상 토지 소유자 또는 도시개발사업조합이 사업을 시행한다. 그러나 지자체, LH도 지정권자(도지사)의 승인을 받아 환지 방식으로 개발사업을 시행할 수 있다.

셋째, 사업 절차의 차이 - 수용 방식은 토지조서 작성, 사업인정, 손실보상협의, 수용재결의 절차를 거치는 반면, 환지 방식은 환지계획의 작성, 환지공람, 환지계획인가, 환지예정지 지정, 환지처분 및 청산의 절차를 거친다.

넷째, 사업 시행 요건의 차이 - 수용 방식은 수용권을 가진 기관이 시행하는 일반적인 공영 개발 방식으로 택지 등을 집단적으로 조성해 공급할 필요가 있는 경우에 시행한다. 반면, 환지 방식은 개발사업을 시행하는 지역의 지가가 인근의 다른 지역에 비해 매우 높아 수용 방식으로 사업이 어려운 경우에 주로 시행한다. 환지 방식으로 사업을 시행하고자 할 때는 사업지구 내 토지 면적의 2/3 이상에 해당하는 토지 소유자와 지구 내 토지 소유자 총수의 1/2 이상의 동의를 얻어야 한다.

다섯째, 개발 이익 귀속의 차이 - 수용 방식으로 사업을 시행해 발생하는 개발 이익은 개발부담금을 납부한 후, 사업시행자에게 귀속된다. 그러나 환지 방식으로 발생한 개발 이익은 토지 소유자와 해당 지자체에 귀속되고 시행자는 개발 이익을 향유할 수 없다.

구분	수용 방식	환지 방식
사업 근거	• 토지 보상법에 따라 공공사업지구 내 토지를 시행자가 보상 또는 수용해 사업을 시행	• 토지 보상법을 적용하지 않고 도시개발법을 적용해 지구 내 토지의 소유자에게 정리 후 토지로 환지 (지장물은 토지 보상법 적용)
사업 시행자	• 일반적으로 국가, 지자체, 한국토지주택공사, 대한주택공사, 지방공사등이 사업을 시행	• 원칙: 토지 소유자 또는 조합 – 예외: 지자체, 토공이 지정권자(도지사)의 승인을 받아 개발사업을 시행
사업 절차	• 토지조서 작성, 사업인정, 손실 보상 협의, 수용재결의 절차	• 환지계획의 작성, 환지공람, 환지계획인가, 환지 예정지 지정, 환지처분 및 청산의 절차
사업시행 요건	• 수용권을 가진 기관이 시행하는 일반적인 공영 개발 방식으로 택지 등을 집단적으로 조성해 공급할 필요가 있는 경우에 시행	• 개발사업을 시행하는 지역의 지가가 인근의 다른 지역에 비해 매우 높아 수용 방식으로 사업이 어려운 경우에 주로 시행 • (2/3 이상 토지 소유자 동의)
개발이익 귀속	• 개발부담금을 납부한 후 사업 시행자에게 귀속	• 토지 소유자와 해당 지자체에 귀속되고 시행자는 개발 이익을 향유할 수 없음
장점	• 당해 도시의 주택 건설에 필요한 택지를 집단적으로 조성 • 지가가 저렴하고 기존 건물이 적은 농지 등에 적합 • 저렴한 주택지 공급 가능 • 충분한 공공용지 확보용이 • 토지 매수 완료 시 민원이 발생치 않아 사업 시행 가능 • 투자 사업비의 회수기간이 빠름	• 지가가 비교적 높고 기존 건물이 산재되어 있는 지역에서도 가능 • 토지주에게 적정한 개발이익이 환수되어 토지주의 긍정적 참여로 개발 용이 • 초기 사업비는 수용 방식보다 적게 투입 • 용지 배분상 탄력적 운영 가능(공동주택 규모 비율, 비도시 지역의 단독, 공동주택지 비율 등)
단점	• 토지 수용에 따른 주민 반발로 민원 유발 및 사업 기간 장기화 우려 • 초기사업비(보상비등) 과다 및 사업비 확보 곤란으로 사업지연 우려 • 사업 시행자에게 개발 이익이 집중되어 형평성 문제 야기 • 경제적 여건(부동산 매각 부진등)에 민감하게 반영 • 용지 배분 규정 적용	• 체비지를 매각해 사업비를 충당해야 하므로 부동산 경기 침체 시에는 사업비 충당에 상당한 어려움이 있음 • 절차가 복잡하고 사업비의 회수 기간이 장기 • 충분한 공공용지 확보 시 소유자 부담 다소 증가 • 부담률 60% 이하 규정으로 공공용지 확보에 법적 한계가 있음 • 사적 이익 추구로 공공용지 확보 미흡 및 사업 완료 시까지 지속적인 민원발생 우려 • 부동산 투기 유발

수용 방식, 환지 방식의 차이 (한국토지주택공사, LH)

사업 시행 절차에 따른 소유권 변동과 전매 제한

　수용 방식은 개발사업 과정에서 원주민의 토지 소유권이 사업 시행자에게 이전된 후 다시 배분된다. 수용 방식에서는 사업 시행자가 일정 시점까지 사업 대상지의 토지 소유권을 모두 확보하고, 사업이 완료된 이후에 다시 토지 소유권을 이전한다. 택지개발촉진법의 택지조성사업, 수용 방식의 도시개발사업 등을 중심으로 설명하면, 이전은 다시 두 가지로 구분할 수 있다. 현금 및 채권보상, 대토 보상과 다르다.

　첫째, 현금 및 채권보상에서는 택지조성공사가 끝난 이후 일반에게 분양되어 토지 소유권이 시행자에게 일반인으로 전환된다.

　둘째, 대토 보상의 경우는 사업 시행자에서 다시 원 토지 소유자로부터 이전된다.

　이와 같은 소유권 이전은 양도세 발생과 연결된다. 양도세는 소유권의 전환 발생 시에 부과되는 세금으로, 현금 보상 및 채권보상에 대해서는 보상 시점에서 당연히 양도세가 발생한다. 그러나 기존 보유 토지를 사업 시행 후 다시 토지로 공급받는 대토 보상의 경우도 보상 시점에서 보유 토지의 소유권을 공사에 이전하고 공급계약 시점에 다시 공사로부터 조성토지의 소유권을 다시 이전받으므로 소유권 전환이 발생하는 것으로 간주한다. 이에 대토 보상에 대해서도 양도세가 발생하는 것이 원칙이나, 조세특례제한법에 의해 대토 보상에 대해서는 양도세를 이연시키는 예외조항을 제정했다.

환지 방식은 개발사업 과정에서 원주민의 토지 소유권이 사업 시행자에게 이전되지 않고 등기상 소유권이 그대로 이전된다. 즉, 새롭게 조성된 토지로 소유권 변동 없이 그대로 돌려받는다. 또한, 수용 방식은 소유권이전 등기 시까지 전매가 제한되지만, 환지 방식에서는 사업 시행 중 언제든지 토지 매매가 가능하다.

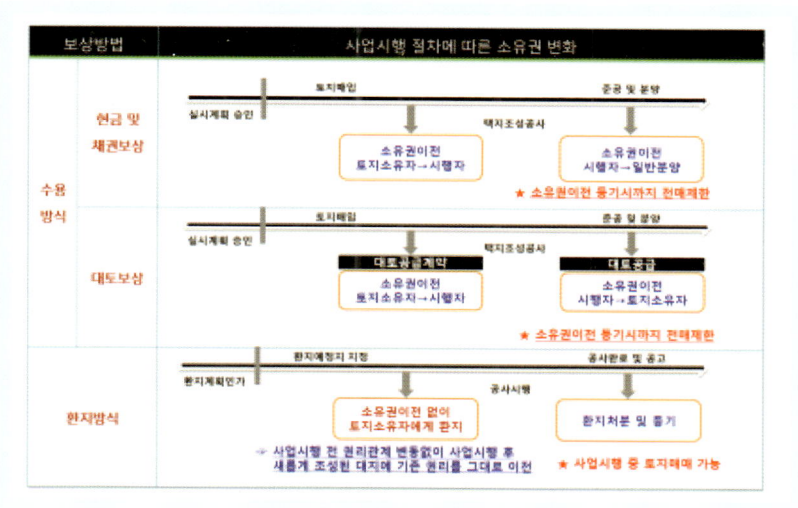

수용 방식과 환지 방식에서 토지 소유권의 변화

이 둘의 사업 방식을 정리해보면 다음과 같다. 수용 방식은 주로 LH 등 공공기관이 사업을 시행하며 현금 보상이 원칙이다. 다만, 토지 소유자가 원할 경우, 현금 대신 땅으로 돌려받을 수 있다. 환지 방식은 주로 민간에서 사업을 시행하며 새롭게 조성된 땅으로 돌려주는 환지(換地)가 원칙이다. 현금 보상은 예외 적용된다. 따라서, 수용 방식이든 환지 방식이든 개발 대상지의 토지 소유자라면, 새롭게 조성된 땅(택지)으로 돌려받을 수 있다.

    개발지 투자는 관련 법률과 제도를 알면 쉽게 투자할 수 있다. 하지만, 대다수 사람들이 법률과 제도를 잘 모르고 있거나, 어렵게 생각하기 때문에 대부분 사업 시행자나 몇몇 사람들만 돈을 번다. 앞에서 언급했듯이 생산자가 되어야 부자가 될 수 있다. 토지 투자도 생산자가 되어야 한다.

소비자가 될 것인가?
생산자가 될 것인가?

　개발사업을 시행하는 사업 시행자는 사업 대상지를 선정해 택지를 조성한 후 건설사에게 매각 또는 일반인에게 분양한다. 여기서 착안해야 할 부분은 대다수 많은 사람들은 잘 차려놓은 밥상을 비싸게 돈을 지불하고 산다는 것이다. 발상의 전환이 필요한 것이다. 수용 방식의 사업 방식인 개발지에서도 토지주가 원하면 땅으로 돌려받을 수 있다. 물론 법률과 제도를 잘 이해하는 것이 선결 조건이지만, 그 조건에 부합하면 그 안에서도 충분히 생산자가 될 수 있다. 해당 내용은 4장에서 자세히 다뤘으니 완독하길 바란다.

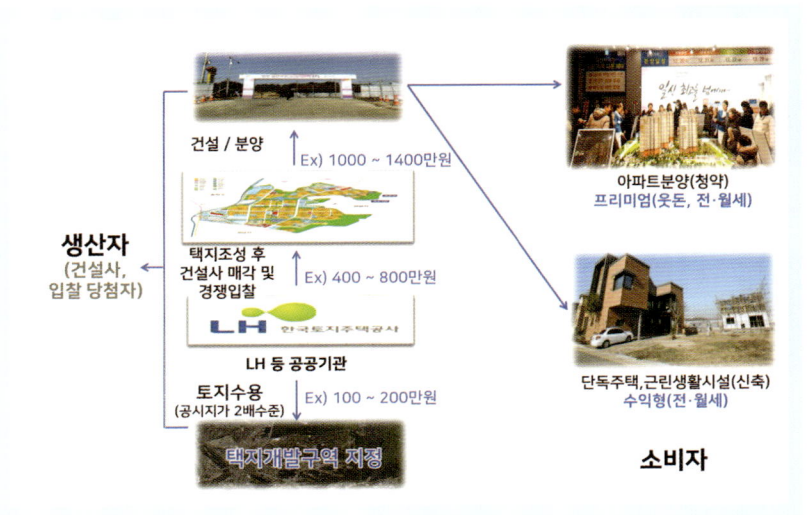

수용 방식 절차도

주로 도시개발사업에 적용되는 환지 방식은 토지 소유자가 생산자가 된다. 개발 과정에서 수익을 얻을 뿐만 아니라, 조합원이 되어 공동 사업을 통해 아파트를 건설 및 분양을 할 수 있고, 단독주택용지를 받아 단독으로 건설할 수도 있다. 그 과정에서 언제든지 토지 매매가 가능해 차익도 남길 수 있다. 도시개발사업 환지 방식은 3장에서 자세히 다뤘다.

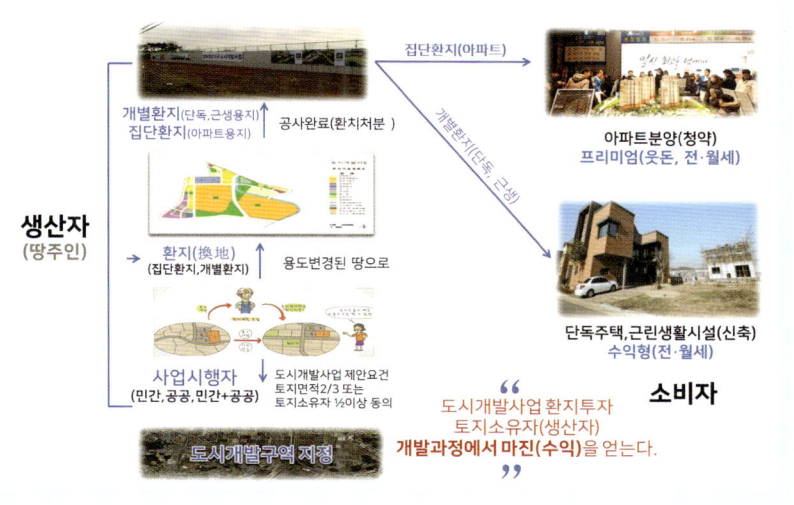

환지 방식 절차도

"부동산 투자, 소비자가 아닌 생산자 관점으로"

위에서 언급한 지목과 형질 변경을 통한 개발행위와 개발사업으로 인해 용도가 바뀐 땅으로 돌려받는 방법 모두 부동산의 생산자 개념이다. 지목과 형질 변경은 토지주인 내가 직접 개발행위를 통해 토지의 이용가치를 높이는 것이라면, 도시개발사업 대상지 토지 소유자는 조합원과 같은 자격으로 사업에 참여해 권리를 행사한다. 방법에 차이는 있지만, 두 방법 모두 생산자가 된 것이다. 생산자가 되어야 많은 돈을 벌 수 있다. 이것이 대한민국 1%만 아는 부동산 투자 비법 중 하나다.

개발지 인접 지역의
땅값이 오르는 이유

지금까지는 개발구역 내 땅에 관한 얘기를 주로 했다. 그렇다면 개발지 인접 지역 땅은 어떤지 알아보겠다. 85쪽의 그림은 파주 운정신도시 택지개발지구 인접 지역의 땅이다. 이 땅은 운정3지구 택지개발사업이 한창인 곳의 인접 지역에 위치한 땅이다. 해당 토지는 도로에 접하고, 2차선에서 4차선으로 확포장 공사가 예정되어 있다. 인근에 신도시가 들어서면서 차량 유입이 많아지고 이에 따라 도로가 확장되는 행운을 얻게 됐다.

운정신도시 인접 지역 땅 (사례)

'주변에 대규모 개발사업이 진행되면 개발 압력으로 인해 인근 지역 땅값이 상승한다.' 특히, 도로가 확장되거나 인구가 증가하면서 차량 유입도 많아져 주변 지역의 수익성이 높아진다. 해당 토지는 계획관리지역의 도로에 접한 땅으로 향후 상가용지로 활용가치가 매우 높다. 이렇게 호재를 얻은 이 땅의 시세는 평당(3.3㎡) 900만 원으로 총 매매 가격이 50억 원에 달한다. 이 지역의 도로에 접한 농업진흥구역 내 농지 시세는 평당 150만 원에 거래가 됐다. 우리가 알고 있던 파주의 땅값이 아니다.

평택 화양지구 도시개발사업 인접 지역의 농지다. 농업진흥구역의 맹지이지만 4차선 도로가 개통될 예정이다. 도로에 접하게 되는데, 이 땅의 가치는 얼마나 오를까? 아마도 화양지구 개발이 완공되는 3년 시점에는 그 가치가 더 상승할 것으로 예상된다.

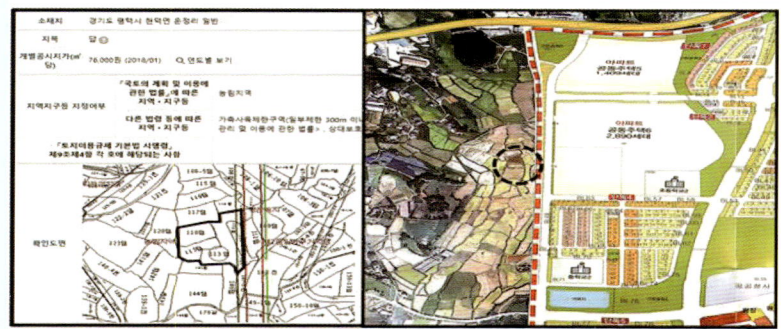

평택 화양지구 인접 지역 땅 (사례)

최근 SK하이닉스 반도체 클러스터 부지로 용인 원삼면 일대가 확정되면서 사업 대상지 인근의 땅값이 폭등했다. 사업 대상지로 발표와 동시에 상업지는 최대 300%, 주거지는 최대 200% 상승했으며 관리 지역과 농지 등은 30% 이상 상승했고 원삼면 일대 땅값은 부르는 게 값이 됐다. 특히 도심과 도로에 접한 땅 위주로 상승률이 높았다. 아마도 평택, 세종시와 같이 개발사업이 진행될수록 주변 지역으로 확장해 땅값도 지속 상승할 것으로 보인다. 이렇게 개발지 인접 지역의 땅값이 오르는 이유는 개발에 대한 기대심리 이외에도 개발지에서 풀리는 토지 보상금 등 개발 압력으로 인한 당연한 결과다.

신도시 주변을
노려야 하는 이유

대규모 택지개발사업 중 330만㎡(100만 평) 이상의 규모를 신도시라 칭한다. 정부가 주도하는 사업이라 도로, 철도 등 인프라가 잘 구축된다. 반면에 미니신도시라 칭하는 도시개발사업은 이런 인프라를 공유하기 위해 주로 신도시와 인접해 개발된다. 국토교통부 보도자료에 의하면 2018년 말 기준 전국에 303개의 도시개발사업이 시행 중이며, 도시개발사업 대상지는 기존 도심 인접 지역에 입지하는 추세라고 밝혔다.

도시개발사업 현황(국토교통부. 2019.)

도시개발사업 대상지,

기존 도심으로부터 5km 이내에 60.8% 입지

국토교통부는 "전체 492개 도시개발구역 중 60.8%(299개)가 관할 행정구역 내 기존 도심으로부터 5km 이내에 자리 잡고 있고, 5km 이상 10km 미만이 23.4%(115개), 10km 이상에서 20km 미만이 14.0%(69개), 20km 이상은 1.8%(9개)에 불과해 대부분 기존 도심에 인접해 입지가 결정되고 있으며, 도심과 개발입지 간 평균 거리는 5.2km인 것으로 분석되었다"라고 밝혔다.

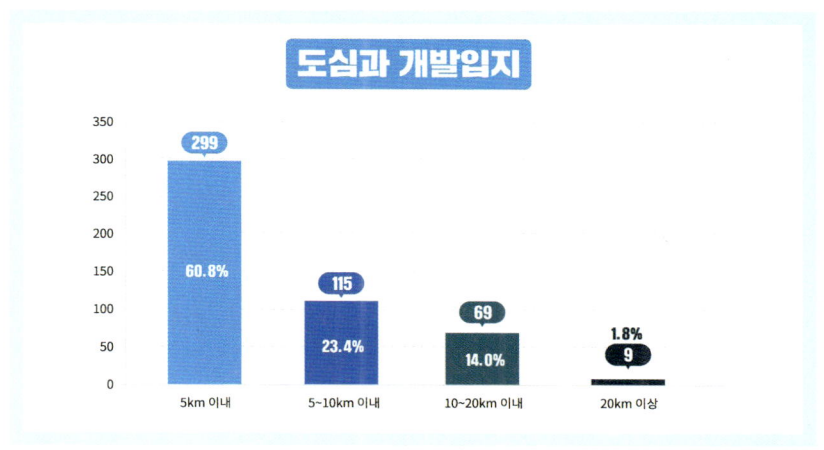

기존 도심과 도시개발 입지 간 거리 (국토교통부, 2019)

　택지개발지구로 지정되면 해당 지역 땅은 국가에서 수용(매입)하게 되고, 이 땅을 다시 LH나 건설사에서 사들여 개발하게 된다. 그 과정에서 주거용 단독 필지나 상업 용지를 건설사나 일반인에게 분양하기도 한다. 이는 LH 또는 각 지자체 홈페이지 등에서 직접 확인할 수 있다. 택지개발지구 내의 주거·상업 용지가 좋은 점은 도시기반시설이 잘 갖춰져 있기 때문이다. 인기가 높은 만큼 경쟁률도 치열하며, 공공기관이 해당 용지를 공급하므로 그만큼 투자 위험도 낮고 공급 가격도 시세보다 저렴하다. 단독주택지는 공급 가격을 미리 공고하고 추첨을 통해 분양한다.

　특히 인기가 높은 상업 용지나 근린시설 용지는 경쟁입찰 방식으로 분양한다. 택지개발지구로 지정되면 지역 내 땅은 수용(매입)되는데, 이때 주변 지역 땅을 잘 고르면 대박을 칠 수 있다. 토지 소유자들에게 대규모 토지 보상비가 풀려 인근 땅값 상승에 영향을 미친다. 토지를 수용당한 토지 소유자가 반경 30km 이내 동일한 용도의 토지를 매입하면 취·등록세가 면제되는 혜택을 누릴 수 있고, 토지 보상금을 받은 토지 소유자는 다시 인근 지역에 재투자하기 때문에 땅값이 오르게 된다. 택지개발지구는 도로, 철도 등 도시기반시설이 잘 구축되어 있어 도시 개발이 완료된 이후에도 주변으로 계속해서 도시가 팽창하게 되고, 그 과정에서 주변 지역으로 계속 개발이 확산된다.

따라서 택지개발지구를 반경으로 새로이 도로나 철도가 나는 곳을 잘 살펴 그 도로나 철도 노선이 연장되는 동선을 중심으로 토지를 선별 투자한다면, 높은 수익을 올릴 수 있다. 다음 그림을 보면 인천 검단신도시(택지개발지구)와 김포 구도심 주변에 개발압력으로 인해 도시개발사업으로 도시가 팽창하는 사례를 확인할 수 있다.

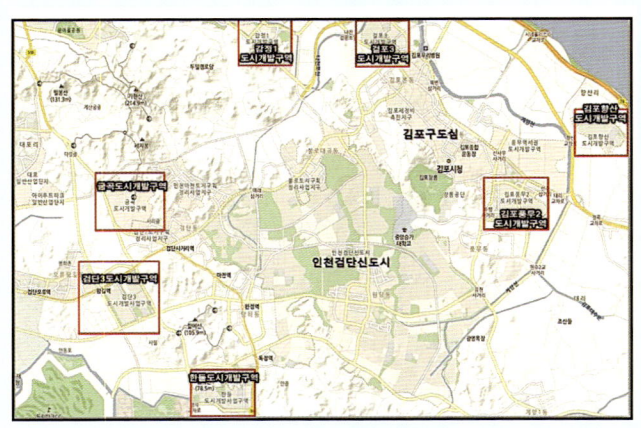

인천검단신도시와 김포구도심 주변 도시개발사업 위치도(출처: 네이버 지도)

신도시와 구도심 사이 '브릿지 도시'를 알고 있는가?

　신도시와 구도심을 연결하는 도시를 '브릿지(가교) 도시'라고 불린다. 신도시와 구도심의 사이에 있는 지역은 개발 압력이 높아 개발가치가 매우 높아 기존 구도심의 인프라와 신도시의 인프라를 동시에 누릴 수 있어 수요층에 인기가 많은 입지조건을 구비하고 있다. 브릿지 도시는 주거 환경과 높은 인프라뿐만 아니라 기존에 택지개발사업이 아닌 도시개발사업으로 조성되어, 도시개발법에 의한 전매 제한 등 규제로부터 자유로워 일반 투자자들에게 인기도 높다.

　우리는 이점을 주목해야 한다. 바로 브릿지 도시가 될 땅, 즉 도시개발사업이 진행 중이거나 추진 중인 구역 내 땅을 선점하는 것이다. '일반 투자자'는 이미 브릿지 도시가 조성된 아파트, 상가, 오피스텔을 눈여겨보겠지만, '대한민국 1%의 진정한 고수'는 브릿지 도시가 될 땅을 눈여겨본다. 다시 말해서 일반 투자자보다 먼저 선점(先占)해 좋은 입지에 땅을 소유하고 생산자가 되는 것이다.

> "아마추어는 브릿지 도시를 눈여겨보지만,
> 프로는 브릿지 도시가 조성될 땅을 본다."

신도시와 구도심 사이를 잇는 '브릿지 도시'(출처: 다음지도)

　실제로 신도시와 구도심 인근의 브릿지 도시는 더블 생활권을 누릴 수 있고, 미니신도시급 도시개발사업으로 분양가상한제, 전매제한 등 규제가 적으며, 개발 재료까지 갖춰 발전 가능성이 높다. 브릿지 도시들의 시세는 주변 시세보다 높은 편이다.

　인천 용현·학익지구가 있는 용현동 일원은 청라와 송도 그리고 인천 구도심의 가교 역할을 하는 곳이다. 이러한 정보를 분석해볼 때, 신도시와 구도심 사이에 있는 브릿지 도시는 투자 가치가 높다는 것을 확인할 수 있다. 다시 언급하지만, 우리는 부동산의 완제품인 아파트, 상가, 오피스텔이 아니라, 부동산의 원료재인 '브릿지 도시가 조성될 땅'에 투자해 개발 단계별로 마진(수익, 시세차익)을 얻는 것이 핵심임을 알기 바란다.

브릿지 도시 '용학 신도시' 위치도(출처:리얼캐스트)

정부는 2018년 9월 주택 시장 안정을 위해 수도권에 주택 30만 호 공급계획을 발표했다. 이후 3차에 걸쳐 남양주 왕숙, 하남 교산, 인천 계양, 고양 창릉, 부천 대장지구에 100만 평 이상의 신도시를 건설한다고 발표했다. 이로 인해 사상 최대 규모인 45조 원의 토지 보상금이 풀려 인근 부동산 시장의 '불쏘시개' 역할을 할 것으로 보인다. 또한, 기존 1, 2기 신도시의 광역교통 문제를 해결하기 위해 대도시권 광역교통위원회를 설립해 도로, 철도 등 사업을 추진 중에 있다. 대규모 택지 공급과 도로, 철도 등 SOC 사업 확대, 역대급 토지 보상금 등 여러 상황을 살펴봤을 때, 어찌 보면 이 시대의 마지막 토지 투자 기회가 아닐까 생각해본다.

Part 3.

시행사가 알려주지 않는 비밀
'5,000만 원 토지 투자로 내 집 마련하기'

도시개발사업을 알면 돈이 보인다

남들과 같아서는 절대 투자에 성공할 수 없다. 부동산 투자 중 토지 투자는 일반 사람들이 접근하기에 진입장벽이 꽤 높다. 그만큼 자본력과 정보력이 있어야 투자를 할 수 있기 때문이다. 하지만 제대로 알고 접근하면 소액으로도 충분히 토지 투자를 통해 큰돈을 벌 수 있다.

최근 대한민국에서 부자가 되는 방법 중 1위가 부동산 투자라는 여론조사 결과가 나왔다. 대한민국에서 부동산은 부(富)의 상징이며, 대부분의 사람들의 인식이 부동산 투자에 있다는 사실이다. 그렇다면, 부동산 투자 종목 중 당신은 어디에 투자하겠는가? 필자인 도선국사는 땅의 가치를 계속해서 설명해왔고, 남들이 아파트 분양 시장에 몰릴 때, 그렇게 몰릴 아파트가 될 땅을 먼저 선점해 건설하고 분양하는 진정한 '꾼'이 되라고 말해왔다. 하지만, 가장 중요한 것은 자본금과 정보력이다. 그렇다고 토지 투자에 그렇게 많은 자본금이 필요하지 않다. 물론 돈이 많아 필지를 여러 개 사서 투자하면 좋겠지만, 일반 사람들은 엄두조차 내기 힘들다. 또한, 정보력은 어떤가? 대부분의 땅부자들은 대기업, 재벌 등 손에 꼽는다. 부동산 투자는 남들보다 정보가 빨라야 한다. 하지만 일반 사람들은 그런 정보력을 알아볼 때도 없고, 그럴 여유도 없다. 그렇다면 정말 방법이 없을까? 만약, 당신이 도시개발사업을 제대로 알기만 한다면, 토지 투자에서 분명 좋은 기회가 될 것이다.

그동안…
사람들이 몰리는 분양 시장과 월세 상가 오피스텔 등에 맞춰왔던 경제활동
이제는 구시대의 유물이다.

지금은…
저금리시대, 불확실한 부동산 시장, 각종 부동산 규제정책 등
변화에 익숙하지 못한 채 과거 재테크 수단에 올인하는데…

이제 2020년대 새로운 재테크…
부동산 시장에도 거센 변화의 바람이 불어오고 있다.

부동산 투자는 남들과 같아서는 절대 성공할 수 없다.

토지 투자 블루오션 도시개발사업 파헤치기

대규모 택지개발사업이 2014년 부로 잠정 폐지됐다가 2018년 정부의 수도권 30만 호 공급 정책에 의해 부활했다. 택지개발촉진법에 의한 택지개발사업은 분양가상한제, 전매제한 등 규제가 많은 반면, 도시개

발법에 의한 도시개발사업은 기존 도심지 인근에 소규모 시가지나 단지로 조성되고, 택지개발법에 비해 전매제한 등 규제가 적어 택지개발사업의 대안으로 떠오르고 있다. 따라서 도시개발사업을 제대로 알면 토지 투자뿐만 아니라 아파트 투자에도 많은 도움이 될 것이다.

도시개발사업은 종전 토지에 개발 구역을 정해서 토지 구획을 정리해 복합단지나 시가지로 조성하는 사업이다. 도시개발사업의 시행자는 국가나 지방자치단체, 공공기관, 정부출연기관, 지방공사, 도시개발구역의 토지 소유자 등이 있으며, 사업 방식은 수용·환지·혼용 방식이 있다.

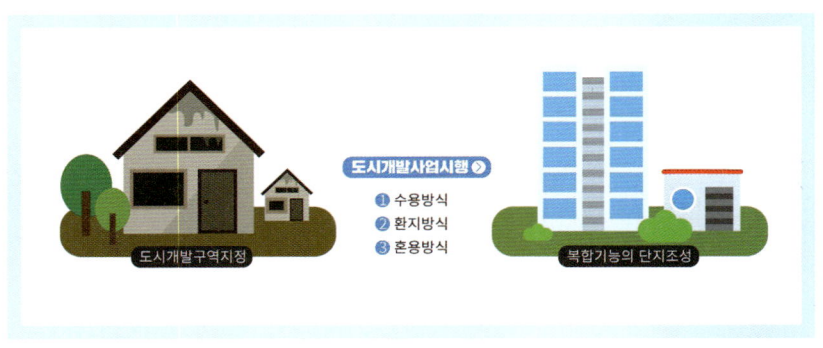

도시개발사업의 개념

대표적인 도시개발사업으로 서울의 마곡지구와 상암지구, 김포 풍무지구, 일산 식사지구, 화성 반월지구, 판교 대장지구, 광명 구름산지구 등을 예로 들 수 있다. 전국에 지정된 도시개발구역이 2000년 '도시개발법' 시행 이후 2018년 말 기준 492곳에 이르는 것으로 나타났다. 총면적이 **분당 신도시의 8배 규모**로, 이 가운데 303곳은 여전히 사업이 진행 중이다.

국토교통부가 2019년 4월 발표한 '2018년 말 기준 전국 도시개발구역 현황 통계'에 따르면, 지금까지 지정된 도시개발구역 493곳의 면적은 159.08㎢에 달했다. 분당 신도시 면적(19.6㎢)의 8배 규모로, 이 가운데 189개 사업(49.63㎢)이 마무리된 가운데 303개 사업(109.45㎢)은 시행 중인 것으로 조사됐다. 지역별로는 개발압력이 높은 경기도가 152개 구역으로 가장 많았고 충남(62개), 경남(57개), 경북(44개) 등의 순으로 나타났다. 사업 시행자는 민간시행자가 차지하는 비율이 57.9%(285개)로, 민간사업의 비중이 공공사업(42.1%, 207개)보다 상대적으로 높았으며, 사업 시행 방식은 수용 50.8%(250개), 환지 45.5%(224개), 수용과 환지 방식을 혼용해 시행하는 혼용 방식이 3.7%(18개)로 나타났다. 492개 구역 중 60.8%(299개)가 관할 행정구역 내 기존 도심으로부터 5㎞ 이내에 입지하고 있고, 5㎞ 이상 10㎞ 미만이 23.4%(115개), 10㎞ 이상 20㎞ 미만이 14.0%(69개), 20㎞ 이상은 1.8%(9개)에 불과해 대부분 기존 도심에 인접해 입지가 결정되고 있으며, 도심과 개발입지 간 평균 거리는 5.2㎞인 것으로 분석됐다.

기존 도심 주변 인프라 공유할 수 있는 5km 이내 인접해
도심 주변 토지를 노려라!

도시개발사업 지정권자는 특별시장, 광역시장, 도지사 및 인구 50만 이상의 대도시장이 원칙이며, 예외적으로 국가시행사업, 공공기관이 국가 계획과 밀접한 사업을 국가에 제안(30만㎡ 이상)하는 경우에는 국토교통부장관이 지정할 수 있다.

도시개발사업 지정 요건으로 도시 지역은 주거·상업 지역(1만㎡ 이상), 공업 지역(3만㎡ 이상), 자연녹지(1만㎡ 이상)이며, 비도시 지역(30만㎡ 이상, 예외적인 경우 20만㎡ 이상)은 광역도시계획 또는 도시·군기본계획상 개발 가능한 지역(시가화 예정 용지 등)과 광역도시계획 또는 도시·군기본계획 미 수립지역(자연 녹지, 계획관리 지역에 한정해 지정, 취락지구, 개발진흥지구, 지구단위계획 구역) 면적 제한 없이 지정할 수 있다. 구역 지정 요건을 자세히 살펴보면, 비도시 지역은 도시기본계획상 개발이 가능한 지역(시가화 예정용지 등)이 해당되며, 자연녹지 및 계획관리지역은 도시기본계획에 미수립 지역에 한정해 지정하고 있다. 또한, 취락지구, 개발진흥지구, 지구단위계획구역은 면적에 제한 없이 구역 지정이 가능하다. 도시개발사업은 상위법령인 도시기본계획을 바탕으로 계획이 된다. 택지개발사업 및 도시정비사업과 달리 사업 방식이 수용·환지·혼용 방식 중 선택적이고 공공·민간·민관공동출자 등 사업 시행도 다양해 최근의 도시 패러다임에 적합한 개발사업이다.

도시개발사업 시행 방식은 수용·사용 방식, 환지 방식, 혼용 방식으로 구분된다. 보통은 국가나 공공의 이익을 위주로 한 공영개발은 수용·사용 방식이며, 민간시행자와 토지 소유자 조합에 의한 개발 방식은 환지 방식으로 이루어지고 있다.

수용+사용 방식	환지 방식	혼용(수용+환지) 방식
• 토지수용법에 따라 시행자가 매수 개발	• 사업 후 기존 권리를 신규토지에 이전	• 환지와 수용 방식 구역 구분 • 구역 내 원하는 토지
• 기간·조성이 빠르다 • 개발이익은 없다	• 기간 조성이 길다 • 개발이익 주민 환원	• 재정착 유도 • 수/사+환지=혼용 방식
• 초기비용 과다 • 주민 재정착의 곤란 • 매수에 따른 반발	• 환지에 따른 민원 • 체비지 매각지연문제 • 기반시설용지 확보난	• 환지 요구 소유자 과다 • 부분적 난 개발 • 시행 구역 간 형평성

도시개발사업 시행 방식 비교

도시개발사업 절차 알고 투자하기

도시개발사업은 크게 4단계로 이루어진다. 제안 단계부터 시행 단계까지 상당한 시일이 걸린다. 사업지별로 상이하나, 사업 기간이 통상 10여 년 정도로 장기간 소요된다. 하지만 사업 단계별 토지의 가격이 상승하며, 사업 기간 중 토지 매매가 언제든지 가능하다. 따라서, 해당 도시개발사업 대상지가 어느 단계인지 체크하고 적절한 기간에 적당한 가격으로 토지를 매입하면 된다. 중요한 부분은 아파트와 마찬가지로 잘 팔리는 곳이어야 한다는 것이다. **아파트도 땅도 결국엔 '입지'가 최우선**이며, 도시개발사업 대상지가 분양이 잘 되는 곳이어야 한다. 생산자의 관점으로 소비자가 선호하는 입지조건을 갖췄는지 살펴보라.

재개발사업 vs 도시개발사업의 차이

　재개발사업과 도시개발사업은 개발 과정에서 사업 주체와 사업 방식 등이 유사하다고 볼 수 있다. 다만, 재개발사업은 도시 및 주거 환경 정비법, 도시개발사업은 도시개발법을 기준으로 사업이 진행된다. 또한, **재개발사업**은 **토지와 건물을 대상**으로 토지 또는 건물 소유자에게 조합원 자격이 주어지며, 아파트를 분양을 받을 수 있는 권리인 **환권(換權)**으로 돌려받는 것을 말한다. **도시개발사업**은 **토지만을 대상**으로 도시개발구역 내 토지 소유자 모두에게 조합원 자격이 부여되며, 조합사업인 경우 **환지(換地)** 방식으로 새롭게 조성된 땅으로 돌려받는다.

구분	재개발사업(도시 및 주거환경정비법)	도시개발사업(도시개발법)
개발 목적	정비기간시설 및 주거환경 개선	다양한 기능의 시가지 조성
사업 주체	공공, 민간(조합), 공공+민간	공공, 민간(조합), 공공+민간
사업 방식	관리처분(환지/환권)	수용, 환지, 혼용 방식
상위 계획	도시·주거환경정비계획	도시기본계획
특성	• 토지와 건물을 대상 • 조합원 자격·토지 또는 건물 소유자 • 정비계획수립 대상 지역 및 재개발 지정요건 충족 시 추진	• 토지만을 대상 • 조합원 자격·구역 내 토지 소유자 • 계획적인 도시 개발이 필요하다고 인정되는 때 시·도지사 직권 결정

재개발사업 VS 도시개발사업의 차이

아파트가 될 땅으로 돌려받는 도시개발사업 '환지'

　내 집 마련을 할 수 있는 방법은 어떤 것들이 있을까? 만약 당신이 5,000만 원 종잣돈을 가지고 아파트를 매입하고자 한다면 어떤 방법으로 하겠는가? 당장 떠오르는 것이 갭 투자(매매 가격과 전세 가격의 차이)일 것이다. 하지만 아파트 가격이 내려가 깡통이 될 리스크를 생각하면 엄두가 나지 않는다. 다른 방법은 무엇이 있을까? 매매, 청약, 경·공매, 지역조합 아파트, 재개발, 재건축… 이런 방법들을 하나씩 체크해보면 그리 녹록지 않다.

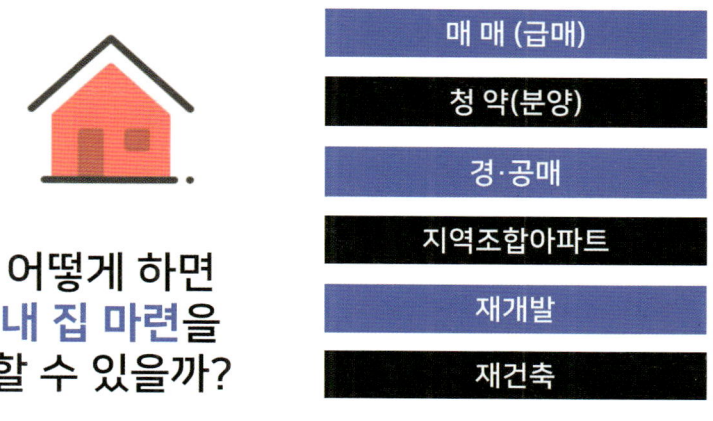

하지만 부동산에 대한 생각과 인식을 전환해보면 쉽게 그 해법을 찾을 수가 있다. 그것은 바로 아파트가 될 땅으로 돌려받는 도시개발사업 '환지'를 알면 된다. 도시개발사업에서 사업 방식이 '환지'인 곳을 자세히 들여다보면 돈이 보인다. 환지 방식은 개발 이익이 토지 소유자에게 환원되기 때문이다.

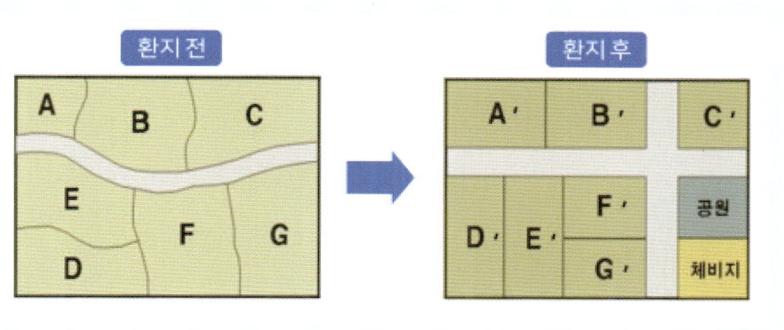

Part 3. 시행사가 알려주지 않는 비밀 '5,000만 원 토지 투자로 내 집 마련하기'

환지(換地)란?

앞의 그림처럼 종전에 있던 땅을 새롭게 조성된 땅으로 돌려받는 것이다. 이때, 도시개발구역 내 공공시설과 사업비 조달을 위해 현금이 아닌 땅으로 부담하는데, 필지별 면적을 줄여서 도로, 공원 등 공공시설과 체비지(替費地)[3]를 확보한다. 이것을 '감보'라고 한다. '감보율'[4]은 지역과 조합마다 다르지만 통상 50% 정도 감보(뺀다)한다. '자신의 땅을 빼앗긴다고?' 이렇게 생각하는 사람들이 많은데, 종전에 정리되지 않은 토지를 용도가 변경된 땅으로 돌려받아 토지의 가치가 상승해 총자산이 증가하게 되어 토지 소유자 입장에선 상당한 이익이 되는 것이다.

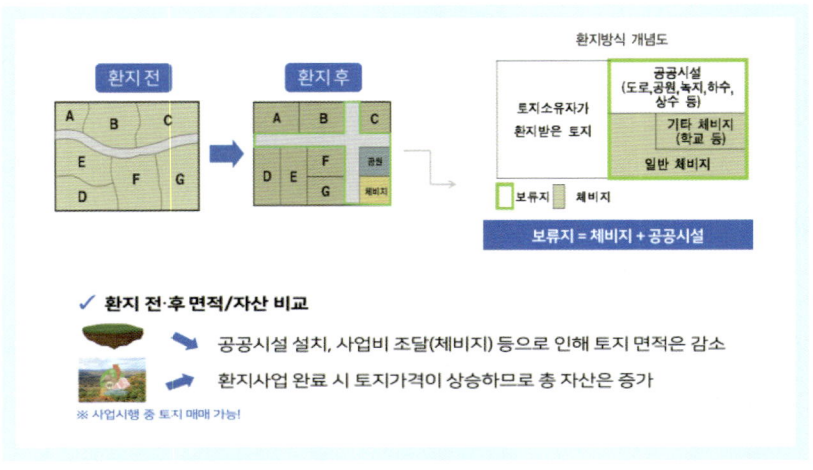

광명 구름산지구 도시개발사업 집단환지 설명회

---

3) 체비지(替費地) 사업시행자금 마련을 위해 외부인에게 매각하는 땅

4) 감보율(減步率) 토지 구획 정리사업에서 공용지(도로·공원·학교 부지 등)를 확보하고 공사비를 충당하기 위해 토지를 공출(供出)받는 비율로, 그 비율은 개개의 소유지의 위치·용도에 따라 다른데, 시행자가 지주·차지권자(借地權者)도 참여한 토지 구획 정리심의회의 자문자격으로 결정하며, 사업지 전체 면적의 최고 50%를 초과할 수 없다.

환지는 **개별환지**와 **집단환지**로 분류된다. **개별환지**는 **단독주택용지, 근린생활시설용지**로 환지받는 것이며, **집단환지**는 **공동주택용지**(아파트용지)를 권리지분으로 환지받는다. 집단환지(아파트용지)를 받고자 할 경우, 집단환지 신청서를 작성해 제출하고, 신청하지 않으면 개별환지(단독주택용지, 근린생활시설용지)로 지정된다.

도시개발구역 내 단독주택용지가 많을 경우 사업성이 좋지 않아 사업이 지연될 수 있다. 따라서 집단환지 신청자가 많아야 다수의 공동주택용지가 확보되어 사업성을 높일 수 있다. 또한, 공동주택용지가 단독주택용지보다 가격이 높아 토지 평균 감보율이 감소해 토지 소유자 입장에서도 유리하다. **집단환지 신청 대상**은 **사업 구역 내 환지 대상 토지 소유자는 누구나**(소유 면적 규모와 관계없이 과소토지라도) 신청할 수 있다. 집단환지로 지정을 받으면 공동주택 건설사업자에게 환지받은 토지를 매각하거나 토지 소유자와 공동주택 건설사업자가 공동으로 주택건설사업(지주공동사업)을 시행할 수 있다.

유형별 토지에 따른 환지 절차

만약 소유한 토지 규모가 **소규모 토지**일 경우 과소토지[5]이므로 개별 환지로 지정이 불가하다. 단, 집단환지 신청은 가능하다. 집단환지를 신청하지 않을 경우, 금전청산 대상이므로 환지 처분 시 청산된다. 과소토지 기준 범위에 미달된 소규모 토지를 소유했다면 집단환지를 신청한 후 건설사에 매각하는 것이 금전 청산되는 것보다 더 이른 시일에 현금화할 수 있는 방법이므로 소규모 토지는 집단환지를 신청하는 것이 유리하다. 사업 준공이 지연될 경우 환지처분 시기가 지연될 수 있기 때문이다. 집단환지를 신청한 후 건설사에 매각해 현금화할 것인지, 지주공동사업으로 공동주택을 건설 및 분양받을 것인지 선택하면 된다.

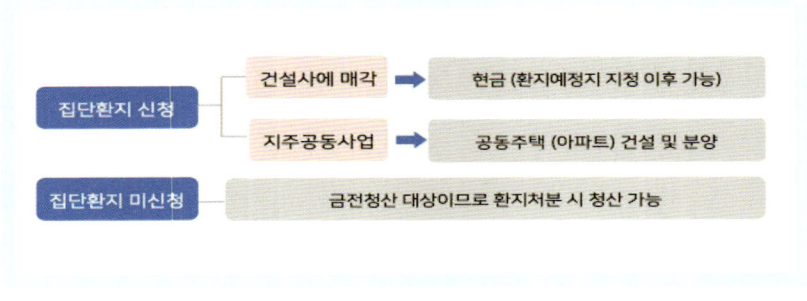

중규모 토지는 개인별 권리면적을 알 수 없어 단독과 공동 주택지를 결정하기 어려운 유형이다. 따라서 단독과 아파트 주거 유형을 결정

---

5) 과소토지 기준은 사업 대상지별 상이하나, 150㎡(45.4평)~500㎡(151.3평) 범위 내에서 정하도록 되어 있음

해야 하며, 단독주택지 공급이 부족할 경우 환지 기준을 정해 지정된다. 권리면적[6]이 과소토지기준 이상일 경우 개별환지(단독주택지)로 지정된다. 만약 개별환지를 지정받지 못할 경우 환지계획수립 이전에 집단환지를 신청할 수 있다.

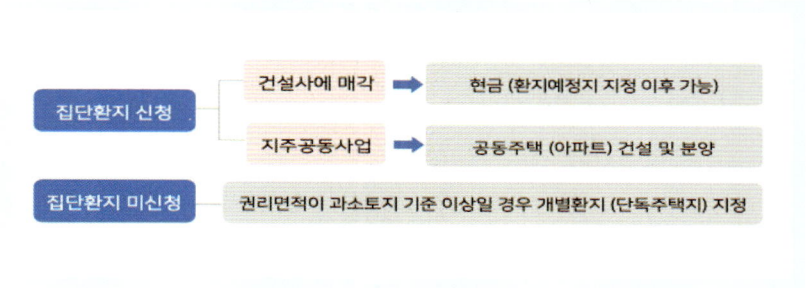

대규모 토지는 권리면적이 크더라도 개별환지를 여러 필지로 지정받을 수 없다. 개별환지로 지정되면 감환지[7]된 토지는 금전으로 청산된다. 다만, 집단환지를 신청할 경우 권리면적 전부를 환지로 지정받을 수 있다. 집단환지 신청 시 분양받을 수 있는 공동주택 평형과 분담금은 향후 건설사와 별도 계약을 통해 알 수 있다.

---

6) 권리면적 : 종전토지의 감보면적을 뺀 나머지 면적(토지 소유자가 환지 이후 가질 수 있는 권리에 해당하는 면적)
7) 감환지 : 환지 기준면적을 초과한 토지를 금전으로 청산하고 환지면적(소유자에게 돌려주는 토지 면적)을 정하는 것

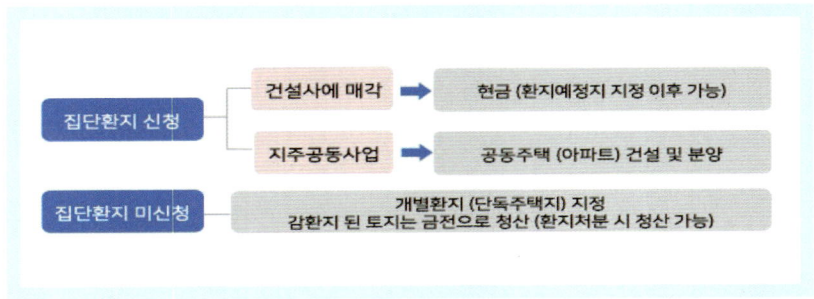

사업구역 내 **2개 필지 이상 소유**한 경우, 모든 필지의 가치를 합산해 권리면적을 산정한다. 이때 집단환지(아파트용지)와 개별환지(단독주택용지)를 구분해 신청할 수 있다.

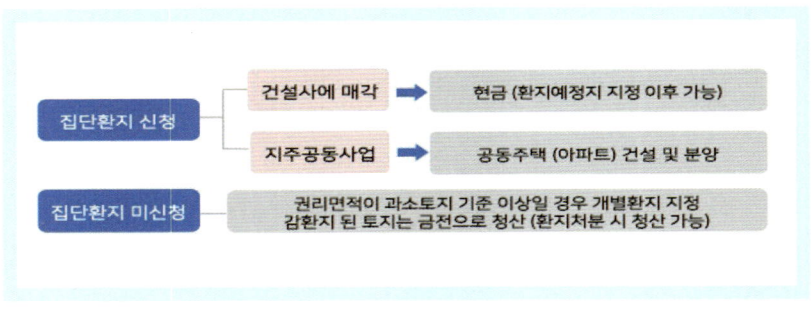

하나의 필지에 **공유지분인 토지**(2명 이상의 토지주)인 경우 토지에 있는 소유권 지상권 등 모든 권리가 환지에 그대로 이전된다. 공유지분으로 개별환지(단독주택지)로 지정되거나 집단환지(아파트 용지)를 신청 시 집단환지 지정 후, 토지 주별로 건설사와 개별 계약이 가능하다.

아파트는 살고 땅은 사라

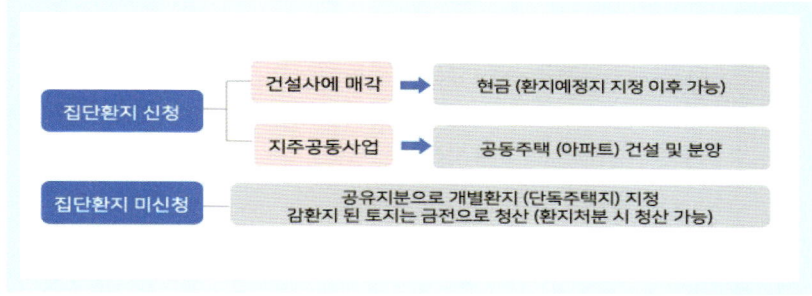

집단환지(아파트용지)를 신청할 경우, 환지 청산금의 지급 시기보다 건설사에 매각하는 시기가 더 빨라 기간을 앞당겨 현금화할 수 있다. 환지 청산금의 지급 시기는 환지처분 시 청산되는데 사업 준공이 지연될 경우 지급 시기가 늦어질 수 있다. 집단환지를 지정받은 소유자가 건설사와 공동으로 주택건설사업을 시행할 경우, 일반 분양보다 저렴한 비용으로 분양 및 입주가 가능하다. 조합원 가격으로 저렴하게 분양받을 수 있다.

공유지분 토지는 집단환지 지정 후 **개별적으로 소유권 행사가 가능**해 토지 주별로 각각 건설사에 매각 또는 **지주공동사업**으로 계약할 경우 **저렴한 비용으로 분양 및 입주가 가능**하다. 집단환지 신청은 환지계획 작성 전 60일 이내 기간을 정해 토지 소유주에게 서면 통지하고 접수해야 한다. 대규모 토지는 권리면적이 크더라도 권리면적 전부를 집단환지로 지정받아 감환지 없이 환지를 받을 수 있다. 사업 구역 내 여러 필지를 소유했을 경우, 일부만 집단환지로 신청할 수 있다.

집 단 환 지 신 청 서

토 지 소 유 현 황					토 지 소 유 자			연락처 (휴대폰)
동명	지번	지목	대장면적 (㎡)	편입면적 (㎡)	성 명	공유자인 경우 소유 지분	신청 여부	
소하동	1	대	300	300	김○○		○	
	2	전	500	500	김○○			
	3	전	650	650	김○○	1 / 3		

※ 유의사항
1. 집단환지로 신청할 토지에 대하여 신청 여부란에 ○표시해 주시면 됩니다.
2. 토지의 소유권이 공유인 경우 소유자 전원이 신청하여야 집단환지가 가능합니다.
3. 토지등기부등본과 토지대장 면적이 상이한 경우에는 토지대장 면적으로 합니다.
4. 신분을 증명하는 문서(주민등록증· 여권· 운전면허증 중 1개)사본 1부를 제출하여 주십시오.

본인은 상기 소유한 토지에 대하여 뒷면의 「공동주택지 집단환지 신청조건 및 유의사항」을 충분히 숙지하고 이에 동의하며 집단환지 지정을 신청합니다.

2016.   .   .

신청인   주　소 :
　　　　　성　명 :　　　　　　　　　　　　(날인)

광명시장　귀하

집단환지 신청서 양식

5,000만 원 토지 투자로
내 집 마련하는 방법

적은 종잣돈으로 내 집을 마련할 수만 있다면 얼마나 좋을까? 앞서 언급한 환지 방식의 제도적 내용을 충분히 이해했다면 벌써 알아차렸을 것이다. 도시개발구역 내 환지 방식 사업지의 땅을 '필지'로 매입할 자본금이 부족할 때, 적은 소액으로 토지 투자를 통해 아파트를 분양받는 방법은 바로 **공유지분인 토지**(2명 이상의 토지주)**에 해답이 있다.** 사실 이런 해법은 웬만한 고수가 아니고서는 잘 알지 못한다. 아마도 사업 시행자와 조합원 임원 중에서도 일부만 알고 있을 것이다. 또한, 현지 공인중개사에게 물어보면 대부분 "아파트 딱지?" 이런 식으로 근거 없는 설명만 늘어놓을 것이다. 결국, 해답은 법률과 제도에 있다. 이상하게도 법률과 제도를 근거로 이야기하는 사람은 별로 없다. 참으로 알 수 없는 일이다.

토지를 필지 단위로 살 만한 자금력이 없는 사람에게는 하나의 필지에 공유지분으로 소유하는 방법은 투자의 기회가 된다. 예를 들어, 500평인 땅 1필지에 10명의 공유지분자가 있다면 (감보율 50%로 가정) 250평의 대지에 공유지분자 10명이 환지에 그대로 이전(토지에 있는 소유권·지상권 등 모든 권리가 이전)되는 것이다. 만약 공유지분자 10명이 집단환지를 신청했다면 집단환지 지정 후 개별적으로 소유권 행사가 가능해 토지 소유자별로 각각 건설사에 매각 또는 지주공동사업으로 계약할 경우 저렴한 비용으로 분양 및 입주가 가능하다.

- 집단환지 신청 대상: 사업 구역 내 환지 대상 토지 소유자는 누구나 신청(소유 면적 규모와 관계없이, 과소 토지도 가능)
- 집단환지 지정받은 소유자가 건설사와 공동으로 주택건설 사업을 시행할 경우 일반 분양보다 저렴한 비용으로 분양 및 입주 가능
- 공유지분 토지는 집단환지 지정 후 개별적인 소유권 행사(건설사와 계약) 가능

소액 투자 Key-Point

공유 지분(2명 이상의 토지주) 토지 → 집단환지(공동주택용지)

필자는 공유 지분으로 땅을 투자하는 것은 말리고 싶다. 물론 대부분 지분 투자에 대해서는 망설인다. 도시개발사업 환지 방식 공유 지분인 토지(2명 이상의 토지주)의 내용을 이해했다면, 이런 도시개발구역 내 환지 방식에 해당되는 토지에만 공유지분으로 하면 된다. 다른 곳은 말리고 싶다.

도시개발사업 환지 방식에서 토지 소유자는 소유 면적과 규모와 관계없이 누구나 조합원의 자격을 갖추게 된다. "도시개발법 시행령 제32조 제4항에 의거 보유 토지의 면적과 관계없는 평등한 의결권을 가지며, 조합은 환지 계획을 작성하거나 그 밖에 사업을 시행하는 과정에서 조합원이 총회에서 의결하는 사항 등에 동의하지 아니거나 소규모 토지 소유자라는 이유로 차별해서는 아니 된다"는 차별금지 조항이 명시돼 있다. 또한 "도시개발법 제32조 제3항에 따라 공유토지의 소유자라도 구역 내 토지 소유자로서 조합원이 되며, 다만, 조합원의 권리는 대표자를 지정해 그 대표자로 하여금 행사한다"라고 규정하고 있다. 이러한 법률과 제도에 따라서 조합원의 자격을 갖추게 되고 토지의 권리를 행사해 아파트를 일반 분양가보다 저렴하게 분양 및 입주할 수 있게 되는 것이다.

환지 방식의 사업지에서는 사업시행 중 토지 매매가 언제든지 가능하므로 사업단계별 땅값이 상승한다. 따라서 적은 종잣돈을 투자할 경우 사업 초기인 사업제안 단계에 투자해야 좀 더 많은 지분을 확보할 수 있다. 공유지분으로 소액 투자할 경우 가족과 친척이 서로 의견을 모아 투자하거나 공동 투자반 그룹을 형성해 투자하는 것이 바람직하다. 물론 혼자 하면 더없이 좋겠지만, 적은 종잣돈으로 함께 뜻을 모아 이익을 서로 나누면 수익도 배가 되고 기쁨도 배가 되지 않을까?

법률과 제도를 알면 이긴다!
5,000만 원 토지 투자 비법 → 공동 투자 후 집단환지

종잣돈 2억으로 건물주 되는 도시개발구역 환지 투자

앞서 적은 종잣돈으로 도시개발구역 내 공유지분을 활용한 환지 투자에 대해 알아봤다면, 지금부터는 종잣돈 2억 원으로 환지 투자를 통해 건물주가 되는 방법을 소개하겠다. 대부분의 많은 사람들이 수용 방식의 개발지에서 분양하는 단독주택용지를 알아본다. 2015년경 원주 기업도시 점포 겸용 단독주택용지에 11만 7,000여 건의 청약이 접수돼, 입찰 평균 경쟁률 1,344대 1을 기록했다는 언론 보도 내용을 들어봤을 것이다. 위례신도시 점포 겸용 단독주택용지의 청약 경쟁률도 평균 390대1, 최고 경쟁률은 2,746명이 몰렸다. 보통은 신도시나 택지개발지구의 토지는 LH, 도시공사 등 공공기관에서 분양하며, 경쟁입찰 방식으로 진행된다.

수용 방식의 개발지에서 LH, 도시공사 등 사업 시행자는 공익사업을 위한 토지 등의 취득 및 보상에 관한 법률에 의해 매입한 토지를 택지로 조성한 후, 건설사에 매각 또는 경쟁입찰하거나 일반인에게 분양해 수익을 얻는다. 대부분 건설사는 공동주택 용지, 상업 용지 등과 같은 대규모 택지를 분양받은 후, 일반 소비자에게 분양해 아파트나 상가를 짓는다. 일반인은 단독주택 용지를 분양받아 전매를 통한 프리미엄을 얻거나 건축 후 전월세 수익형으로 활용한다. 이 과정에서 투기 수요가 발생하다 보니 아파트 용지에는 분양가 상한제, 전매 제한, 대출 규제 등을, 단독주택 용지에 대해서는 전매제한 등을 강화해 투기 수요를 억제하기 위한 규제를 강화하는 것이다. 수용 방식의 사업 절차를 아래 그림을 통해 자세히 알아보자.

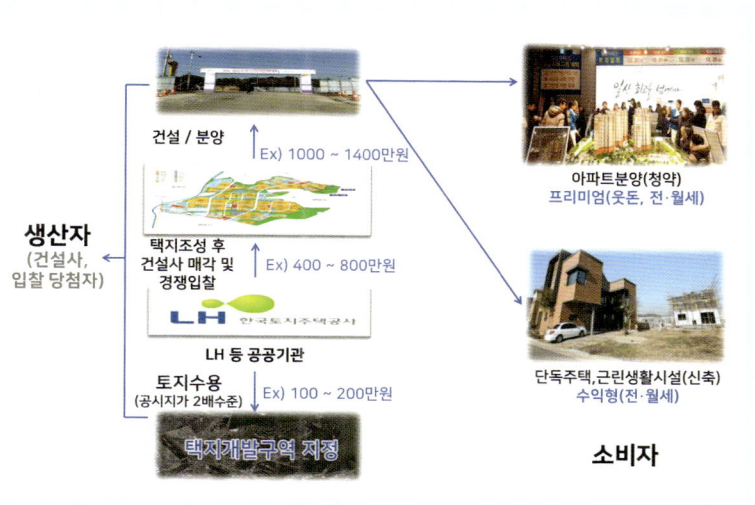

수용 방식 사업 절차

수용 방식의 개발지에서 사업 시행자인 LH, 도시공사 등 공공기관은 착공 단계에서 단독주택 용지를 일반인에게 분양한다. 경쟁입찰 등을 통해 매입한 택지는 소유권 이전 등기 시까지 전매가 제한된다. 다만, 원주민의 생활대책으로 공급받은 이주자택지에 대해서는 1회에 한해 전매를 할 수 있다. 실제로 이주자택지를 공급받은 토지주(원주민)가 3.3㎡(평)당 800만 원에 공급받은 택지를 1,200만 원에 매매해 차익을 남기는 등 개발지 현지 부동산에는 이와 같은 매물을 확인할 수 있다.

반면에 환지 방식의 사업 대상지는 통상 민간(조합)이 사업을 시행하며 종전 토지의 권리관계가 변동이 없이 사업 시행 후 새롭게 조성된 토지에 기존 권리가 그대로 이전된다. 사업 시행 중 전매제한 등 규제가 없이 토지 매매가 언제든지 가능하다. 집단환지(아파트용지)를 신청한 토지 소유자일 경우 건설사와 개별적으로 계약하며, 건설사에 환지받은 토지의 지분을 매각하거나 건설사와 공동으로 사업을 시행해 일반 분양가보다 저렴하게 분양 및 입주가 가능하다. 개별환지(단독주택용지, 근린생활시설용지)는 기준 면적으로 구획정리된 단독주택용지를 환지받는다.

환지 방식 사업 절차

개별환지(단독주택용지, 근린생활시설용지)로 지정되면 환지 예정 공고 후 토지 소유자는 환지 예정 증명서를 발급받게 된다. 인천 연수구 동춘동 동춘1구역 도시개발사업 환지예정증명서이다. 종전토지 466㎡, 감보율은 27%, 환지 면적은 340㎡로 환지 예정 증명서가 발급됐다. 이렇게 발급받은 환지 예정 증명서를 통해 토지의 가치를 올려 매도하거나 향후 건물을 지을 수 있다. 수용 방식의 단독주택용지는 소유권 이전 등기 시까지 전매가 제한되나, 환지 방식의 단독주택용지는 사업시행 중 언제든지 전매할 수 있는 장점이 있다. 이러한 환지 예정 단독주택용지 물건 정보는 현지 부동산을 통해 쉽게 확인할 수 있다.

도시개발사업 환지예정증명서 예시

도시개발사업 수용 방식은 LH, 도시공사 등 주로 공공기관이 사업을 시행하다 보니 도로나 철도 등 기반시설이 양호하다. 반면에 우수한 입지의 사업지일수록 청약 경쟁률이 치열해 당첨되기가 어려우며, 당첨되더라도 소유권 이전 등기 시까지 전매가 제한되는 단점이 있다. 환지 방식은 주로 민간(조합)이 사업을 시행해 공공택지지구에 비해 비교적 기반시설이 미흡하다. 이러한 단점을 보완하기 위해 신도시나 대규모 택지 개발사업의 인프라를 공유할 수 있도록 도심에서 인접한 곳에 입지한다. 수용 방식의 사업 방식과는 달리 사업 시행 중 언제든지 토지매매가 가능하다. 따라서 환지 방식의 사업지 중에서 비교적 도로, 철도 등 인프라가 양호하고 인구 유입, 미래 발전 가능성 등의 입지를 갖춘 지역을 선점하는 것이 가장 중요하다. 아래 단계별 투자 포인트를 살펴보고, 종잣돈 2억으로 도시개발 환지 투자를 통해 건물주가 되어보자.

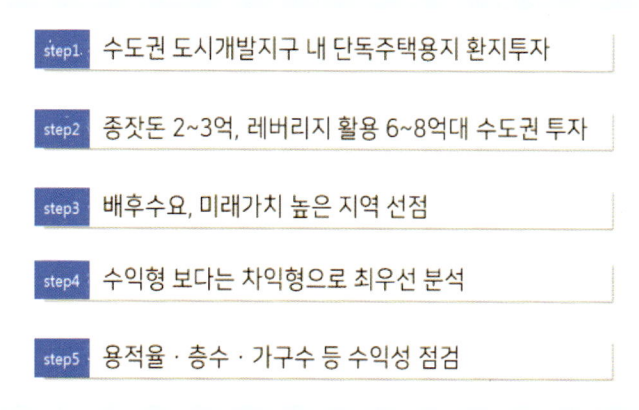

- step1. 수도권 도시개발지구 내 단독주택용지 환지투자
- step2. 종잣돈 2~3억, 레버리지 활용 6~8억대 수도권 투자
- step3. 배후수요, 미래가치 높은 지역 선점
- step4. 수익형 보다는 차익형으로 최우선 분석
- step5. 용적율 · 층수 · 가구수 등 수익성 점검

아파트도 땅도 잘 팔리는 곳이 좋다!

시행사가 알려주지 않는 숨은 비밀

부동산은 각종 법률과 제도를 알아야만 부동산 투자에 성공할 수 있다. 앞서 언급한 환지 방식의 법률과 제도를 이해했다면 당신은 진정한 프로다. 많은 사람들이 이 부분을 놓치고 막연하게 투자에 임한다. 그렇다 보니 시행사의 먹잇감이 되거나 기회를 놓치는 것이다. 환지 방식의 제도적 내용을 충분히 이해하는 것은 어렵다고 해도 중요한 부분을 놓치지 않는다면 준비된 만큼 기회를 잡을 수 있을 것이다. 적어도 이 책을 선택한 당신은 그 누구보다 더 현명하고 똑똑하게 부동산 투자를 통해 부자가 될 것이라 믿는다.

사업을 시행하는 시행사 입장에서 토지 소유자들이 관련 법률과 제도를 잘 알고 대응한다면 어떻게 될까? 수용 방식의 사업지이든 환지 방식의 사업지이든 토지 소유자들이 토지 보상과 환지와 관련한 법률과 제도를 잘 알고 있다면 시행사 입장에선 난감할 수밖에 없다. 특히 환지 방식의 사업지에서는 개발 이익이 토지 소유자에게 환원되고 사업 시행자는 이익을 누릴 수 없다. 이러한 제도 때문에 사업 시행자는 사업 구역 내 토지를 될 수 있으면 최대한 많이 확보해 이익을 추구한다. 따라서 사업 시행자는 우선적으로 사업 구역 내 농지가 아닌 토지를 법인으로 매입하려 한다. 농지는 법인(농업법인 제외)이 취득할 수 없기 때문이다.

도시개발사업은 비시가지를 시가지로 만드는 사업이므로 대부분 농지인 경우가 많고, 농사를 짓는 사람들이 대다수다. 농업인이 이런 법률과 제도를 잘 알고 있기란 쉽지 않다. 이런 이유로 시행사는 농지를 확보하기 위해 토지 소유자(원주민)로부터 토지매매약정서와 같은 사전 계약을 하거나, 회사에 속한 직원들의 명의로 토지를 매입하기도 한다. 이런 편법적인 방법을 통해서라도 도시개발 구역 내 최대한 많은 토지를 확보하려 노력한다. 그 이유는 환지 방식의 사업지에서는 개발 이익이 토지 소유자에게 환원되기 때문이다.

다음 경매 물건은 도시개발구역 내 토지(잡종지)로 감정 가격 대비 119%로 낙찰됐다. 같은 구역 내 잡종지도 감정 가격 대비 106%로 낙찰돼, 꽤 높은 금액으로 매각됨을 알 수 있다. 입찰에 참여해 낙찰받은 곳은 바로 ㈜ㅇㅇㅇ이다. 입찰자도 1명이다. 보통 경매 물건은 전국에서 많은 사람들이 보고 있는데, 환지 방식의 도시개발지임에도 불구하고 입찰자는 단 1명뿐이다. 그 이유는 무엇일까?

왕길지구 도시개발사업 경매 사례

위의 경매 물건은 도시개발사업 환지 방식의 구역 내 토지로 수도권에서도 입지가 좋은 곳이다. 그러나 입찰에 참여한 곳은 단 1곳, 그것도 감정 가격보다 높은 금액으로 낙찰됐다. 이 땅을 입찰한 곳은 바로 사업 시행사다. 많은 사람이 이 땅을 왜 못 봤을까? 해당 경매 물건은 조회 수가 많았지만, 일반 사람들이 이 땅의 환지 방식을 이해하기란 쉽지 않았을 것이다. 그래서 이 땅의 가치를 잘 알고 있는 시행사가 거둬들인 것이다. 만약, 해당 토지가 가치가 없었다면 감정가보다 적은 금액으로 입찰했거나, 아예 입찰하지 않았을 것이다. 오직 그들만 이 땅의 가치를 볼 줄 알았다.

대한민국 1%만 아는 도시개발구역 환지 투자 핵심 포인트

　토지 투자의 뉴트렌드이자 블루오션인 도시개발구역 환지 투자에 대해 다시 한번 정리해보자. 환지란 무엇인가? 쉽게 말해서 "헌 땅 줄게, 새 땅 다오"라는 개념으로 이해하면 된다. 농사만 짓던 땅을 새롭게 잘 정리해서 집을 지을 수 있는 땅으로 돌려준다는 개념이다. 이때 주택을 지으려면 사업비가 들어가는데, 개발에 필요한 비용을 현금이 아니라 자신의 토지 일부를 주게 된다. 비록 자신의 땅의 일부가 사업비로 충당하기 위해 감보되지만, 개발 이전에 농지였을 때보다 새롭게 잘 정리된 택지로 받아 총 자산가치가 상승하게 되는 것이다. 따라서 미니신도시에 용도가 바뀐 새로운 땅을 받아 이익을 극대화할 수 있으므로 도시개발구역 환지 투자는 토지 투자의 뉴트렌드이자 블루오션이다.

　2018년 말 기준 전국 303곳이 도시개발사업을 시행 중이고, 경기도

만 152곳에서 사업을 시행하고 있다. 이 중 수용 방식과 환지 방식의 비율은 절반 정도다. 사업지별 환지 방식인 곳의 사업단계를 확인하고 투자 포인트를 찾는 데 노력해보자.

소액이라면 공유지분 토지(2명 이상의 토지주)를 활용하라

필자는 토지의 지분 투자는 말리고 싶다. 하나의 필지에 여러 명이 지분을 공유한다면 매도가 쉽지 않기 때문이다. 다만, 사업대상지가 환지 방식의 도시개발사업을 추진 중이거나 예정돼 있다면 소액 지분투자를 적극적으로 고려해보라. 환지사업을 하는 개발지에서는 지분도 잘 팔리기 때문이다. 또한, 장기적인 투자 관점에서 판단해봤을 때 적은 종잣돈으로 도시개발사업 조합원이 될 수 있을 뿐만 아니라, 환지를 통해 큰 차익을 얻을 수 있다.

종잣돈이 부족해 공유지분으로 소액 투자할 경우, 가족과 친척이 서로 의견을 모아 투자하거나 공동 투자반 그룹을 형성해 투자하는 것이 바람직하다. 도시개발사업은 개발구역 내 토지 소유자는 누구나 조합원의 자격이 있으나, 대표자는 지분권자 중 1인이 행사한다. 만약 집단환지를 신청하기 위해 집단환지 신청서를 작성할 경우 신청서 양식에 따라 대표자가 다수의 지분권자의 동의를 받아 제출해야 한다. 집단환지는 토지 소유자의 신청에 의해 환지계획에 반영하는 사항이며, 이때 공유토지의 경우 법률행위는 토지 소유자 전원의 합치된 의사에 따라 법률행위를 해야 하는 사항이다. 만약 전원의 합의된 의사가 어려울 경우 (도시개발법 제11조 4항, 같은 법 제29조 1항에 따라) 도시개발사업의 원활한 사업추진을 위해 해당 도시개발사업의 시행규정, 조합세부시행규칙 등에 따라 시행자가 판단하고 환지계획에 대한 인가를 받아 결정된다.

환지 방식의 도시개발사업은 토지 투자의 뉴트렌드이자 블루오션이다. 적은 종잣돈으로 토지 투자를 할 수 있는 땅은 많지가 않다. 더군다나 지방의 산골짜기가 아닌 도심지 주변의 개발지에 소액으로 투자한다는 것은 쉬운 일이 아니다. 하지만 이렇게 관련 법률과 제도를 알면 남들이 잘 알지 못해 오히려 나에겐 큰 기회가 될 수 있다.

건물주 되고 싶다면 종잣돈 2억 원으로 환지 투자 하라

종잣돈 2억 원으로 3억 원 대출을 받아 아파트를 분양받을 것인가? 건물주가 되겠는가? 둘 중 어떤 방법을 선택하든 개인의 성향에 따라 다르겠지만, 누구나 건물주가 되고 싶어 한다는 것은 사실이다. 대부분의 사람들이 건물주가 되려면 많은 돈이 있어야 하는 줄로 알고 있다. 하지만 아파트 살 돈이면 충분히 건물주가 될 수 있다.

앞에서 언급했듯이 수용 방식의 개발지에서 사업 시행자인 LH, 도시공사 등 공공기관은 착공 단계에서 단독주택용지를 일반인에게 분양한다. 많은 사람들이 수용 방식의 개발지에서 단독주택용지를 경쟁입찰 등을 통해 매입하려 한다. 인기가 좋은 지역은 당첨되기도 어렵지만, 당첨되더라도 소유권 이전 등기 시까지 전매가 제한된다. 반면에 환지 방식의 사업대상지는 사업시행 중 전매제한 등 규제가 없이 토지 매매가 언제든지 가능하다. 따라서 환지 방식의 도시개발사업을 시행하고 있는 현지에 가면 단독주택용지의 물건을 쉽게 확인할 수 있고, 경매 물건으로도 확인이 가능하다. 종잣돈 2억으로 레버리지를 활용하면 수도권에 입지 좋은 도시개발지구 내 물건을 찾을 수 있고, 충분히 건물주가 될 수 있다.

도시개발사업 '환지' 사례

도시개발사업의 환지 방식은 주로 민간에서 사업을 시행한다. 하지만 공공기관인 '경기도 광명시'에서 시행 중인 환지 방식의 도시개발사업이 있다. 시가 시행하는 이 사업은 소하동 104-9번지 일원 77만여㎡의 부지에 주택 5,096세대 규모의 주거단지 등을 환지 방식으로 조성한다. 광명시가 시행하는 광명구름산(구 소하지구) 지구 도시개발사업은 주거(단독·공동)용지 32만㎡, 근린생활시설용지 5만㎡, 학교·도로·공원 주차장 등 도시기반시설용지 등으로 구성해 미니신도시로 조성된다.

광명 구름산지구 주민설명회 자료

구름산 지구는 2001년과 2007년 개발제한구역이 해제됐지만, 지구단위계획 수립 이후 장기간 사업이 지연됐다. 2015년 개발제한구역이 21만 5,000㎡가 추가 해제되면서 도시개발사업구역으로 지정됐다. 광명 구름산지구 도시개발사업은 환지인가 등을 거쳐 2025년 준공될 예정이다. 특히, 공공기관인 지자체가 시행하는 환지 방식의 도시개발사업은 전례가 없는 사업이므로 사업이 원활히 진행된다면, 앞으로 진행되는 환지사업에 있어 좋은 사례가 될 것으로 보인다.

환지 방식의 도시개발사업은 새 땅으로 돌려받을 수 있다는 이유와 수용 방식과 달리 사업시행 중 토지 매매가 언제든지 가능하기 때문에 사업단계별 땅값이 상승한다. 광명 구름산지구 내 토지 실거래 가격은 1종일반주거 지역 대지인 경우 3.3㎡(평)당 1,000만 원 이상 시세가 형성돼 있으며, 전·답인 경우에도 750만 원 이상 실거래가 됐다. 환지 방식의 사업지에서는 어느 정도 사업이 본격화되면 매물을 쉽게 찾기 어려우므로 사업 초기 단계부터 관심을 갖는 것이 무엇보다 중요하다.

광명 구름산지구 실거래 시세(출처: 밸류맵)

134쪽의 그림은 평택 동삭2지구 도시개발구역 내 경매 물건 사례다. 입찰자는 1명으로 법인이 입찰해 낙찰됐다. 아무래도 일반인이 이해하기 어려운 물건이었을 것이다. 해당 경매 물건은 종전토지 1,534㎡(464.03평)에서 778.4㎡(235.46평)로 약 49% 감보된 환지예정지 토지이다. 낙찰가는 감정가의 78%로 낙찰됐다. 낙찰받은 토지는 매매를 통해 차익을 남길 수 있으며, 사업 준공이 완료되는 시점에 수익성을 고려해 단독주택을 지을 수 있다.

평택 동삭2지구 도시개발지구 내 경매 사례

환지 방식은 토지 소유자의 동의요건을 충족해야 한다. 따라서 사업을 시행하는 시행자는 구역 내 토지 소유자의 동의를 얻기 위해 안내장 등을 발송하고, 주민설명회를 개최한다. 이런 곳은 개발이 가능한 개발 가용지에 해당하거나 주변의 개발압력으로 인해 비시가지를 시가지로 조성하려는 목적이 크다. 또한, 구름산지구 사례처럼 공공주택지구를 조성하기 위해 개발제한구역(그린벨트)을 해제했다가 장기간 사업이 진행되지 않아 환지 방식의 사업으로 전환되는 경우도 있다. 따라서 이러한 지역을 선점해 될 수 있으면 사업 초기 단계에서 토지를 소유해 조합원이 되고, 환지를 받는 기회를 가져보길 바란다.

Part 4.

내 땅이 수용된다고?
'현금 대신 땅으로 보상받는 방법'

토지 보상의 모든 것
"현금 대신 땅으로 주세요"

얼마 전 3기 신도시로 발표가 된 고양 창릉지구 토지 소유자로부터 상담 문의가 왔다. 자신의 토지를 헐값에 수용당하고 강제로 쫓겨날까 봐 걱정하는 모습이었다. 신도시 발표 이후 개발지 인근 땅값은 큰 폭으로 상승했는데, 자신의 땅도 사업 대상지에서 제외됐으면 하는 바람도 있어 보였다. 필자인 나는 상담을 통해 토지의 현황을 확인했다. 다행히도 해당 토지는 이주자택지 조건을 갖추고 있었으며, 이를 통해 LH를 상대로 자신의 권리를 주장하고 적절히 대응하는 방법을 안내해주었다. 그제서야 토지주로부터 안도의 한숨과 희망이 보인다는 말을 들을 수 있었다.

토지 보상 제도는 법률과 제도로 이루어졌기 때문에 토지 소유자가 이 내용을 제대로 알기란 쉽지 않다. 더군다나 대부분 농사를 짓는 원주민들이어서 법률과 제도에 의한 논리로 상대하기보다는 헐값에 수용당한다는 억울함만 호소해 감정적 대응만 할 뿐이다. 엄밀히 말하면, 토지는 국가의 땅이다. 그래서 "국토(國土)"라고 말한다. 나라에 돈을 내고 땅을 빌려서 사용하는 것이다. 다만, 법률상 개인의 재산권 보호의 문제가 대립한다. 따라서 토지 수용법 등 법률과 제도를 제대로 알고 있다면 토지 소유자로서 재산권과 권리를 충분히 주장하고 적절히 대응해나갈 수 있다. 이 책의 내용이 정부의 각종 개발사업으로 인해 토지를 수용당하는 토지주에게 조금이나마 도움이 되길 바란다. 또한, 토지 보상 제도를 활용한 우수한 입지의 개발사업지 내 토지 투자 포인트도 함께 짚어본다.

현 정부는 서울 집값을 잡기 위해 9.13 주거안정화 대책을 발표하면서 각종 규제 정책을 내놓았다. 또한, 수도권 주택공급량 확대를 위해 서울과 인접한 곳에 대규모 택지개발지구 5곳(인천 계양, 남양주 왕숙, 하남 교산, 부천 대장, 고양 창릉) 3기 신도시를 포함, 중·소규모 택지까지 수도권에만 총 30만 호를 공급할 예정이다. 이러한 택지개발촉진법에 의한 택지개발사업은 사업 방식이 수용 방식이다. 또한, 도시개발사업에서도 공익성을 바탕으로 한 사업지는 수용 방식을 채택한다.

우리나라의 대표적인 2개의 개발사업과 사업 방식

사업 방식이 수용 방식인 개발사업의 보상제도는 현금 보상을 원칙으로 하고 있다. 다만, 토지 소유자가 원할 경우 땅으로 보상해준다. 땅으로 돌려받기 위해서는 여러 조건과 기준에 부합해야 하는데, 모두가 원하는 땅을 모두에게 줄 수 없기 때문이다. 제도상 조건과 기준을 정해 놓고 그 조건과 기준에 해당되는 토지 소유자에게 조건에 맞는 땅을 보상해주는 것이다. 따라서 수용 방식의 사업지 내 현금 대신 땅으로 보상받는 방법을 하나씩 살펴보도록 하겠다. 이 내용은 법률과 제도적인 부분이 많아 다소 어려울 수 있겠지만, 최대한 이해를 돕기 위해 쉽게 설명하려 노력했다. 돈이 되는 중요한 정보인 만큼 천천히 내용을 읽어나가길 바란다.

1기 신도시와 2기 신도시가 도심 외곽에 저렴한 지역을 선정한 것과 달리, 최근 3기 신도시와 중·소규모 택지개발사업 대상 지역은 서울과 인접한 지역이 지정됐다. 만약 판교 테크노밸리가 개발될 때 현금보상이 아닌 땅으로 보상을 받았다면 어땠을까? 과거에는 대토 보상 제도와 같은 현금대체보상 제도가 활성화되지 못했으며, 토지 소유자의 신청률도 저조했다. '땅값 불패'에 대한 기대감이 확산되면서 신규 택지 토지 수용 때 현금 대신 땅으로 보상받으려는 사례가 급증하고 있다. 특히 미래가치가 뛰어난 수도권 인근 사업지일수록 뚜렷하다. 체계적인 대토 보상 준비를 위한 토지 소유주 협의회도 등장하고 있다. 대토 보상은 택지 조성 지역의 토지 소유자가 원하는 경우 토지 보상금을 현금으로 지급하는 대신 사업 시행으로 조성한 택지로 보상하는 제도다. 한국토지주택공사(LH), 경기도시공사 등에 따르면 택지 조성 지역 내 토지 소유주들의 대토 선호도는 최근 몇 년간 급격히 상승했다. LH가 2008~2010년까지 보상을 완료한 위례신도시 등 8개 택지에서 지불된 총 토지 보상금은 11조 3,641억 원인데, 이 중 4,465억 원 규모 땅이 대토 방식으로 처리됐다. 전체 보상비 중 3.9%에 불과한 수준이다. 반면 2015년부터 2017년까지 3년 동안 추이를 보면 대토 신청 비중은 3배 가까이 늘어났다. 과천지식정보타운 등 총 6개 택지의 전체 토지 보상비(2조 5,626억 원) 중 11%인 2,840억 원이 대토 방식으로 보상됐다. 전국적으로 각광받는 판교나 위례, 과천 같은 지역일수록 대토 비율이 높다. 택지 조성 후 해당 사업지들의 땅값과 가치가 급등할 것이라는 기대감이 섞여 있기 때문이다. 땅 소유주 입장에서는 현 감정 가격 수준의 보상금을 받고 땅을 넘기는 것보다 미래가치를 고려해 택지를 받는 게 합리적이다. '땅값 불패'

신화에 대한 기대감이 확산되고 있는 상황에서는 더욱 그렇다.

대토 보상 관련 보도자료

정부는 3기 신도시 등 중·소규모 택지 30만 호를 서울과 인접한 지역으로 선정했다. 대부분 개발제한구역(그린벨트)에 속하거나 GTX 등 철도·도로망이 구축되는 미래가치가 뛰어난 지역들이다. 정부도 토지 보상금으로 인한 유동자금이 부동산 시장에 유입되는 것을 막기 위해 토지수용법을 개정하고 대토 보상 제도 활성화 방안을 추진 중에 있다.

뉴스 관련도순 최신순

정부 "3기 신도시 '헐값수용' 없다... 토지주 이익 최대한 보장"
한국일보 PiCK 18면 TOP 2019.06.03. 네이버뉴스

"협의보상에 '우선권' 혜택 … 받은 토지로 리츠 투자도 가능" 3기 신도시 개발을 추진 중인 정부가 수용될 토지 주민과의 갈등을 최소화하고자 다양한 유인책을 제공하기로 했다. '헐값 수용' 시비를 불렀던 과거의...

뉴스 관련도순 최신순

정부, 3기 신도시 주민들에 주택·토지 보상 나선다 FETV 2019.06.03.

정부가 '수도권 30만 가구 주택 공급'을 목표로 추진하는 3기 신도시 사업의 주택·토지 보상 절차가 이르면 올해 안에 시작된다. 이는 당초 일정보다 약 1년 정도 앞당겨진 것이다. 정부는 빠른 보상을 원하는 일부 주민들...

뉴스 관련도순 최신순

계약기간 단축 ... 대토 보상 띄운다
서울경제 PiCK 27면 TOP 2019.06.02. 네이버뉴스

◇ 대토 협의부터 계약체결 기간 단축 = 정부는 대토 보상제를 활성화하기 위해 각종 당근책을 준비 중이다. 우선 대토보상과 관련 큰 걸림돌이었던 협의부터 대토보상 계약까지 걸리는 시간을 최소화할 방침이다. 현재...

뉴스 관련도순 최신순

'3기신도시' 수용절차 1년 앞당긴다... "시세 고려 충분히 보상"
문화일보 PiCK 20면 TOP 2019.06.10. 네이버뉴스

위해 3기 신도시 보상 절차를 1년 정도 앞당기고 충분한 수준의 보상이 이뤄지도록 시세에 맞춰 최대한... 국토부 관계자는 "주민들이 헐값에 토지 등을 수용당한다는 느낌을 받지 않도록 시세 등을 고려해 최대한...

토지 보상 관련 국토교통부 / 언론 보도자료

사업 방식이 수용 방식인 사업지는 현금 보상을 원칙으로 하고 있다. 토지 보상금은 공시지가를 기준으로 산정하는데, 이와 관련해 토지주의 반발을 야기하고 있다. 개발지 주변 땅값은 폭등한 반면, 개발지 내 속한 땅은 주변 땅값에 비해 헐값에 보상되기 때문이다. 하지만 사업지 내 토지가 수용되더라도 관련 법률에 의해 토지 소유자가 원할 경우 사업구역 내 새롭게 조성된 택지로 보상을 받을 수 있다. 만약 미래가치가 뛰어난 지역의 땅을 택지로 공급받는다면 주변의 땅값보다 더 높은 가치를 갖게 되는 것이다. 현금이 아닌 새 땅(택지)으로 공급받을 수 있는 땅의 종류는 이주자택지, 협의양도인택지, 생활대책 용지, 대토 보상 용지 등이 있으며, 해당 토지의 공급기준에 따라 토지 소유자에게 공급된다. 이것은 환지 방식과 다르게 적용된다.

토지 수용법을 알면
새 땅(택지)으로 보상받을 수 있다

    토지 수용법은 1962년 제정되었고, 1975년 제정된 공공용지 취득 및 손실 보상에 관한 특별법을 통합해 2002년에 토지 보상법이 마련되었다. 사업개발지구의 수용 방식은 전면매수 방식의 하나로서 협의매수가 이뤄지지 않았을 때 사용된다. 전면매수 방식에 의한 사업은 협의매수와 강제수용 2단계로 구성된다. 공익사업을 시행하기 위해서 사업에 쓸 토지 등이 필요하기 때문에 국가나 공공단체에서는 이들 토지 등을 취득하기 위해 토지 등을 먼저 매수 협의를 한다. 원만한 합의가 이루어지게 되면 상호 간에 계약을 체결해 필요한 토지 등을 매수하게 된다. 협의매수가 불가능한 경우에는 토지수용제도에 의해 공익사업 용지를 강제로 취득할 수 있다. 전면매수에 의해 토지를 취득하는 개발 방식은 공권력의 개입이 필연적으로 요구되기 때문에 공익을 대변하는 지방자치단체나 그 사업의 목적과 관련이 있는 정부투자기관과 같은 공공기관이 실질적인 시행 주체가 된다. 사업 시행자가 토지 소유자로부터 토지를 매입해 시가지를 조성하는 전면매수 방식의 대표적인 사업이 수용 방식의 개발사업이다. 협의나 수용 재결에 의해 취득하는 토지는 공시지가를 기준으로 해서 보상한다.

손실보상에 대해서는 현금 보상의 원칙이 적용된다. 손실보상평가의 기준 시점은 사업인정시주의를 채택한다. 토지 보상의 기준이 바로 '사업인정제도'다. 이 내용은 수용 방식의 개발지구 내 토지 소유자나, 투자를 고려 중인 사람에게 매우 중요하다. 특히, 사업인정제도의 '사업인정의제일'은 토지 보상의 기준 시점이 되기 때문이다. 사업인정제도의 사업인정은 토지 보상법 제2조 제7호에 따라 '공익사업을 토지 등을 수용하거나 사용할 사업으로 결정하는 것'이며, 같은 법 제20조에 의거 '국토교통부장관이 해당 사업이 토지 보상법 제4조에서 열거하고 있는 공익사업에 해당함을 인정하면서 일정한 절차를 거칠 것을 조건으로 수용권을 설정하는 행위'라고 정의하고 있다. 또한 '사업인정의제'는 '개별법상 인허가 등(지구 또는 구역 지정, 개발계획승인 등)이 있는 경우에 토지 보상법상 사업인정이 있는 것으로 의제하는 것'으로 개별법에 의해 사업인정이 의제되면 토지 보상법상 사업인정과 동일한 효력이 발생한다. 현재 대부분 공익사업은 토지 보상법상 사업인정이 아니라 개별법령상 인허가에 따른 사업인정의제를 통해 토지수용 권한이 부여되는 실정이다.

개별법	사업인정의제일
국토의 계획 및 이용에 관한 법률	실시계획의 고시
도시 및 주거환경 정비법	사업시행인가의 고시
택지개발촉진법	예정지구 지정의 고시 (종전법:개발계획승인고시일)
도시개발법	토지 등의 세목고시일 (도시개발구역 지정 및 개발계획 승인일)
전원개발촉진법	실시계획의 승인 or 변경승인 및 고시
주택법	사업계획 승인
산업입지 및 개발에 관한 법률	국가산업단지 또는 지방산업단지의 지정·고시 농공단지실시계획의 승인·고시 *세목고시일 : 사업인정의제일
기업도시개발특별법	개발계획승인고시일(세목고시일)
신행정수도 후속대책을 위한 연기공주지역 행정중심 복합도시 건설을 위한 특별법	예정지역 등의 지정 및 고시
공공기관 지방 이전에 따른 혁신도시건설 및 지원에 관한 특별법	예정지구고시일
도로법	도로구역의 결정일 도로구역의 결정고시 *세목고시일 : 사업인정의제일 아님

개별법에 의한 사업인정 고시일

만약, 3기 신도시와 같은 택지개발촉진법에 의한 택지개발사업일 경우 택지개발예정지구 지정의 고시일이 사업인정 고시일이 되며, 도시개발사업일 경우 도시개발법 시행령 제12조 및 공익사업을 위한 토지 등의 취득 및 보상에 관한 법률 제22조에 의거 '토지 등의 세목이 고시되는 날'로 규정하고 있다. 즉, 도시개발사업에서 토지의 세목이 고시되는 '도시개발구역 지정 및 개발계획 승인'일이 기준이 된다. 이와 같이 토지 보상을 제대로 받고 싶거나, 개발지구 내 투자를 고려하고 있다면 가장 우선적으로 사업인정의 기준이 되는 '사업인정제도'를 알고 있어야 한다. 만약 투자하려고 관심 중인 지역이 수용 방식의 도시개발지구라면 사업인정고시일은 토지 등의 세목이 고시되는 날, 즉 도시개발구역 지정 및 개발계획 승인일이 기준이 되는 것이다. 또한, 토지 보상의 절차 및 과정을 이해하고, 사업 초기부터 준비해 1차 감정 평가를 잘 받아야 한다. 1차 감정 평가를 잘 받아야 토지 보상금은 물론, 추후 택지를 공급받고자 원할 경우에도 유리하다. 따라서 사업 초기 단계부터 토지 보상과 관련한 법무법인 전문가에게 의뢰하거나, 주민대책위원회에 적극적인 참여가 요구된다. 토지 보상금은 아는 만큼 더 받을 수 있다.

토지 보상 세부 절차 및 과정

공영개발 방식을 포함해 전면매수 방식은 1980년대 경제성장기에 토지 개발 수요가 많을 때 적합한 방식이었다. 당해 도시의 주택건설에 필요한 택지를 집단적으로 신속하게 조성하는 데 유리한 방식이었다. 시장이 충분히 성장하지 못한 상황에서는 공공이 시장에 개입해 주민의 토지를 수용해 사업을 진행시키는 것이 어느 정도 타당성이 인정되었지만, 점차 시장이 성숙해감에 따라 공공의 역할도 줄어드는 추세다. 무엇보다도 전면매수 방식은 사업 시행자의 초기 비용이 높고, 과도한 사업비 확보 곤란으로 사업 지연이 우려되고 있다. 또한, 최근 전국적인 차원에서 부동산 시장 여건이 좋지 못하고, 과거와 같이 토지에 대한 수요가 많지 않을 것으로 보여 사업 시행자 입장에서는 위험 부담이 높아지고 있다. 이에 따라 정부는 원주민 재정착, 지역 경제 활성화, 토지 보상으로 인한 초기 비용 경감 등을 위해 대토 보상 확대 방안을 추진하고 있다.

미래가치 고려 대토 보상 증가 추세, 개발 이익 원주민과 공유

2008~2014년까지 전체 공공택지 조성 사업지구의 대토 보상 비율은 1~3%를 넘지 못했지만, 2015년에는 15%, 2016년 6%, 2017년 17%, 2018년에는 29%까지 대토 방식 보상이 늘고 있다. 땅 소유주 입장에서는 현재 감정가 수준의 보상금으로 땅을 넘기기보다 미래가치를 고려해 택지

를 받는 게 합리적이라는 판단 때문이다. 실제 지난해 수도권 일부 사업지구의 경우에는 주민들 간에 대토 보상 계약을 하기 위해 경쟁이 발생하기도 했다. 경기 고양시 장항지구의 경우 총 토지 보상액의 약 35%를 대토 보상 했다.

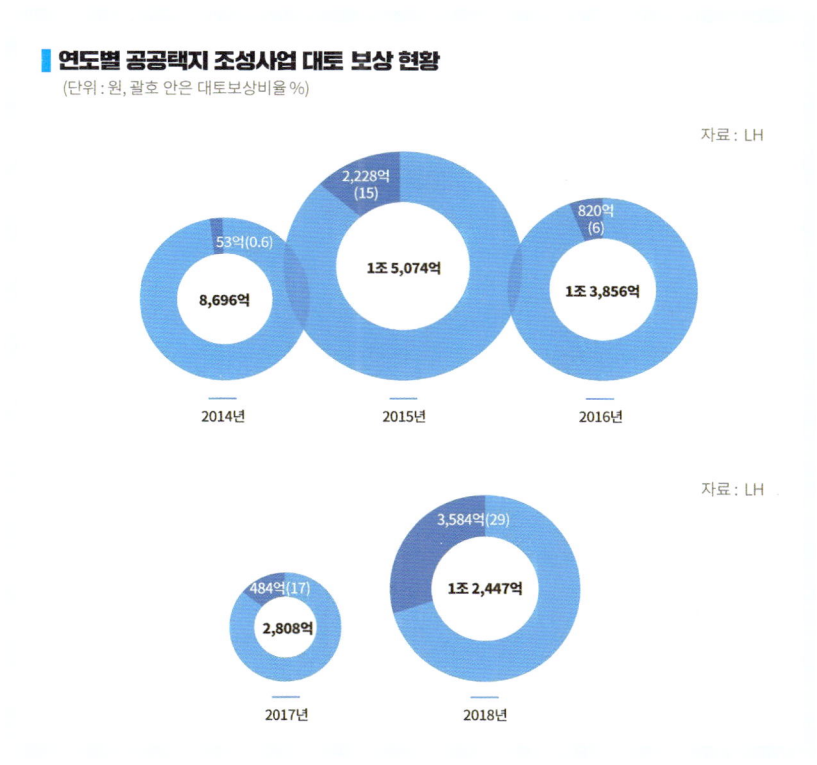

연도별 공공택지 조성사업 대토 보상 현황

이주자택지·협의양도인택지· 생활대책용지·대토 보상용지, 누가 어떻게 받을까?

수용 방식 개발지구 공급용지 기준 및 공급대상

수용 방식의 토지개발사업으로 공급되는 토지는 아파트의 공급 방식과 유사하게 수요자 특성에 따라 일반 분양분과 특별 공급분으로 구분된다. 즉, 일반 분양분은 모든 수요자(이하. 실수요자)를 대상으로 한 공급토지이고, 특별 공급분은 원주민을 대상으로 한 공급토지다.

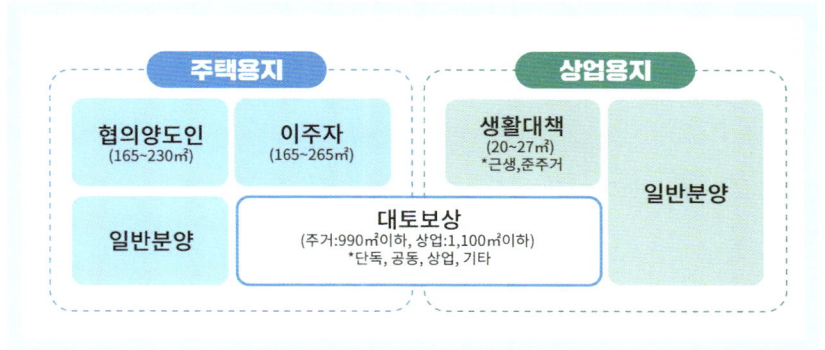

수용 방식 개발사업 공급용지 구분(출처:LH, 현금대체보상 활성화를 위한 제도 개선 연구)

관련 제도에서 규정하고 있는 대토 보상 용지와 특별공급분의 공급 대상 수요자를 비교해 보면, 먼저 대토 보상은 토지 보상법 제63조 제1항 제1호에 의거 건축법상의 대지 분할 제한면적 이상의 토지를 공사에게 양도한 자를 대상으로 한다(대토 보상시행지침 제7조). 반면에 이주자택지는 택지개발예정지구지정 공람공고일(수도권의 경우 공람공고일 1년 이전)부터 보상계약체결일 또는 수용재결일까지 계속해 가옥을 소유하고 그 가옥에 계속 거주한 자로, 공사로부터 그 가옥에 대한 보상을 받고 본 사업시행으로 인해 이주하는 자를 대상으로 한다. 단, 이주자택지 중 블록형 단독주택용지와 공동주택용지는 이주자택지 공급 대상자가 결정한 조합에 공급된다. 협의양도인택지는 택지개발예정지구지정 공람공고일 이전부터 사업지구 내 토지를 소유해온 자로서 당해 사업지구 내에 소유한 토지를 협의에 의해 공사에 양도한 자 중 토지 면적이 기준 면적 이상인 자를 대상으로 하고 있다. 생활대책용지는 본인 소유의 보상대상 전부를 협의에 의해 보상을 받고 공사가 정하는 기한까지 자진 이주한 자 중 이주자택지를 포기한 자, 영업 등을 행한 자, 일정 규모 이상의 영농보상을 받은 자를 대상으로 한다. 이처럼, 대토 보상 용지와 특별공급분의 수요자는 미미한 차이가 있을 뿐, 거의 동일해 수요자 입장에서는 토지의 가격, 용도, 방식 등 공급조건을 고려해서 선택하게 된다.

이주자택지: 택지개발예정지구 공람공고일 1년 이전부터 보상계약체결일 또는 수용재결일까지 계속하여 가옥을 소유하고 그 가옥에 계속 거주한 자로 공사로부터 그 가옥에 대한 보상을 받고 본 사업시행으로 인하여 이주하는 자(무허가건물, 법인, 단체 제외)

협의양도인택지: 택지개발예정지구지정 공람공고일 이전부터 사업지구 내 토지를 소유하여온 자로서 당해 사업지구 내에 소유한 토지를 협의에 의하여 공사에 양도한 자 중 토지면적이 기준 면적 이상인 자를 대상으로 하고 있다
→ 기준면적 : 수도권 1,000㎡이상, 기타지역 400㎡
협의양도한 토지를 지분으로 공유하고 있는 경우에는 지분면적을 기준으로 산정하며, 협의양도한 공유지분면적이 기준면적 미만인 경우에는 소유자 전원(다른 토지에 의하여 별도 협의양도인택지를 공급받는 자 제외)의 지분 면적 합계가 기준면적 이상인 경우 전원을 1인 공급대상자로 본다.

생활대책용지: 기존에 영업을 하거나 농축산업을 하던 생업종사자에게 생활대책 보상차원 공급...
본인 소유의 보상대상 전부를 협의에 의하여 보상을 받고 공사가 정하는 기한까지 자진 이주한 자 및 이주자택지를 포기한 자 및 영업 등을 행한 자, 일정규모 이상의 영농보상을 받은 자를 대상으로 한다.(법인, 단체 제외)

이택·협택·생활대책용지 공급대상

대토 보상 대상자 및 공급 우선순위

대토 보상 제도는 토지 소유자가 개발 사업의 혜택을 공유하도록 하고, 보상 자금의 지역 재투자로 인한 부동산 시장의 영향을 최소화하며, 지역주민의 재정착을 위해 도입된 제도다(정현주, 2009, 이우성, 2012). 즉 2007

년 10월 토지 보상법 일부 개정을 통해 손실보상자금을 보다 효율적으로 관리하고, 해당 토지 소유자가 당해 개발사업으로 인해 개발 혜택을 공유할 수 있게 하기 위해 도입된 제도로써, 이때의 대토 보상이란 토지 보상법 제63조 단서에 따라 '토지 소유자가 원하는 경우로서 사업 시행자가 해당 공익사업의 합리적인 토지이용계획과 사업계획 등을 고려해 토지로 보상이 가능하고, 토지 소유자가 원하는 경우 공익사업으로 인해 토지 등을 수용받는 자가 자신이 받을 보상금의 전부 혹은 일부를 선택해 그 공익사업의 시행으로 조성되는 토지로 보상받을 수 있게 하는 제도'를 의미한다. 이는 보상 자금이 인근 지역이 아닌 바로 당해 지역으로 재투자됨에 따라 과거 보상 자금이 인근 지역의 부동산 자금으로 유입되어 인근 지역의 부동산 가격을 상승시키는 등의 부정적인 요인을 최소화함으로써 부동산 시장에 안정성을 도모함과 동시에 지역 주민을 재정착시키는 효과를 가질 수 있으며, 아울러 개발에 대한 혜택을 대토 보상자가 직접 받을 수 있도록 하기 위해 마련되었다. 대토 보상용지는 특별공급분으로 그 대상은 아래와 같다.

> **대토 보상 대상자 중에서도 공급에 대한 우선순위는?**
> 대토 보상 신청 접수 결과 공급 물량보다 신청자의 수가 많은 경우, 우선순위에 따라 필지를 공급하며, 우선순위 간 필지 경쟁이 있을 경우 추첨에 따라 공급

[대토 보상 순위 결정 방법]
1순위 : 협의한 "현지인"(부재 부동산 소유자가 아닌 분)
2순위 : 협의한 "부재지주"(부재 부동산 소유자)
※ 순위별 경쟁 시 총 토지 보상금 중 대토 보상 금액 비율이 높은 사람을 우선 하며, 그 비율도 동일할 경우 추첨으로 결정

현지인 & 부재지주 구분

* 현지인 : 토지 보상법 시행령 제26조 제1항의 규정에 의한 부재 부동산 소유자가 아닌 사람
* 부재지주 : 사업인정고시일 1년 이전부터 당해 지역에 계속해 주민등록을 하지 아니한 사람 또는 사실상 거주하고 있지 아니한 사람
☞ 당해 지역 범위 : 해당 토지의 경계로부터 30km 이내의 지역

특별공급분 용지별 공급 가격

「공익사업을 위한 토지 등의 취득 및 보상에 관한 법률(이하. 토지 보상법)」 및 「대토 보상시행지침」 등의 규정에 따라 대토 보상의 대상용지는 단독주택 용지(주거 전용, 블록형), 공동주택 용지(분양), 상업 용지, 업무시설 용지·종교 용지·유치원 용지 등의 기타용지가 해당된다. 공급 규모는 주택용지는 990㎡ 이하, 상업 용지 33㎡ 이상 1,100㎡ 이하, 기타용지는 특별한 제한 없이 토지이용계획과 사업계획 등을 고려해 정하도록 하고

있다. 이주자택지, 생활대책용지, 협의양도인택지의 공급방식은 수의계약으로 이루어지며, 대토 보상 용지의 공급 방식은 대토 보상 용지의 대상자 순위에 따른 일반경쟁입찰 방식이다.

구분	공급 용지	사업인정의제일		가격
		대상(1인 1필지)		
대토 보상 용지	주택용지 (단독, 공동)	990㎡ 이하 단독(주거전용, 블록형): 이택/협택 제외분 공동: 전용 85㎡ 초과 분양주택용		(단독) 감정 가격 (공동) 분양가격
	상업 용지 (근생, 준주거, 근린/일반/중심상업)	1,100㎡ 이하 (공급 한도) 생활대책+대토+기타 우선 공급분 ≤ 조성면적의 60% 이내		감정가×평균낙찰률 (중심상업 이외 : 최대 120% 적용)
	기타용지	업무시설, 종교, 유치원, 기타		.
이주자 택지	단독주택용지	주거전용: 330㎡ 이하, 점포겸용: 265㎡ 이하		조성원가 - (생활기본시설설치비)
		블록형: 개별 필지의 평균면적		
	공동주택용지	(무허가) 15㎡/(영업·임차) 20㎡/(거주·소유) 27㎡ 이하 조합구성, 권리면적≥신청면적 90% 이상	조합구성	
생활대책 용지	상업용지 (근생, 준주거)	(무허가) 15㎡/(영업·임차) 20㎡/(거주·소유) 27㎡ 이하 조합구성, 권리면적≥신청면적 90% 이상		감정 가격
협의 양도인 택지	단독주택용지	165~265㎡		(수도권)감정 가격 (기타) 조성원가의 110%, 초과 시 감정가
	기타용지	종교 용지57), 유치원·보육시설, 도시형 공장 등, 농업 관련 시설, 위험물저장 및 처리시설		조성원가 · 감정 가격

특별공급 용지별 공급기준 및 가격 (한국토지주택공사, LH)

대토의 공급가격은 토지 보상법 외의 법률에 특별한 규정이 있는 경우를 제외하고는 일반 분양가격으로 공급되며, 「택지개발촉진법」 등 개별 법률에서 일반경쟁입찰 방식으로 공급되는 용지는 해당 필지 감정 가격에 공급 용도별 평균 낙찰률(낙찰가격/감정 가격)을 곱한 가격으로 결정된다. 이때, 대토의 조기 공급 등을 위해 필요한 경우 사업지구를 위치·

형상·면적·주변 환경 등 가격형성요인이 유사한 권역으로 구분한 후 해당 권역의 공급 용도별 일반경쟁입찰용 토지를 대상으로 공급 용도별 평균 낙찰률을 산정할 수 있고, 중심상업용지를 제외한 상업 용지는 공급 용도별 평균낙찰률이 120%를 초과하더라도 공급 용도별 평균낙찰률을 120%로 적용할 수 있다. 그러나 이주자택지의 공급 가격은 조성원가에서 토지 보상법 시행령 제41조의 2에 따른 생활기본시설 설치비를 제외한 금액을 기준으로 한다. 다만, 기준면적을 초과하는 필지를 공급하는 경우 초과분에 대해서는 감정 가격으로 산정하고, 이주자택지의 필지별 공급 가격에 차등을 둘 필요가 있는 경우에는 이주자택지의 개별적인 사항을 참작해 급지를 구분하고 그 급지별로 차등 가격을 적용할 수 있다(이주 및 생활대책 수립지침 제17조).

또한, 협의양도인택지의 공급 가격은 수도권 지역은 감정 가격, 기타 지역은 조성원가의 110% 또는 감정 가격을 초과하는 경우에는 감정 가격으로 결정한다(도시개발사업:감정 가격). 이 경우에도 공급면적이 $265㎡$를 초과하는 때는 그 초과면적에 대해는 감정 가격 수준으로 결정된다(협의양도인택지 공급지침 제5조). 생활 대책으로 공급하는 상업 용지는 감정 가격으로 공급하며, 상가점포는 동일상가, 동일층의 제곱미터당 평균 낙찰 가격으로 한다(이주 및 생활대책 수립지침 제32조). 이러한 공급 가격 결정기준을 토대로 대토 보상과 교호관계가 예상되는 특별공급 용지의 용지유형별 가격경쟁력을 가늠해보면, 먼저 대토 보상이 단독주택 용지에서 이루어질 경우 이주자택지 및 협의양도인택지와 비교하면, 수요자 측면에서

볼 때 대토 보상 용지는 조성원가 이하로 공급되는 이주자택지보다 가격 경쟁력에서는 떨어진다. 감정 가격 이하(수도권: 감정가, 기타: 조성원가 110% 또는 감정가)로 공급되는 협의양도인택지의 경우도 대토 보상 용지(감정 가격)보다 가격경쟁력이 동일하거나 다소 우위에 있어 대토 보상 용지는 이주자택지나 협의양도인택지보다 가격 경쟁력 측면에서 비교적 떨어진다는 것으로 볼 수 있다.

기준 : 조성원가-생활기본시설 설치비
(보통 조성원가의 80% 수준)
▶ 1회에 한해 전매 가능

수도권 : 감정가격
기타지역 : 조성원가의 110% 또는 감정가격 중 낮은 금액
▶ 소유권 이전 등기시 까지 전매 제한

상업용지 : 감정가격
상가점포 : 동일상가 동일층의 제곱미터당 평균 낙찰가격
▶ 단독 실행불가, 조합 구성

주거용 : 감정가격
비주거용 : 감정가격 × 평균낙찰률(낙찰가격/감정가격)
단, 중심상업용지를 제외한 일반상업용지는 평균낙찰률이 120%를 초과하더라도 평균낙찰률의 120%로 적용 (대토공급가격=12억) ▶ 소유권 이전 등기시 까지 전매 제한

특별공급용지 공급가격

공급가격
주택용지 이주자택지 < 협의양도인택지 ≤ 대토보상용지 ≤ 일반분양용지
상업용지 생활대책용지 ≤ 대토보상용지 ≤ 일반분양용지

주택용지 일반분양용지 ≤ 대토보상용지 ≤ 협의양도인택지 < 이주자택지
상업용지 일반분양용지 ≤ 대토보상용지 < 생활대책용지
가격경쟁력

특별공급용지 공급가격 비교

수용 방식의 개발지구 내 토지 소유자는 관련 법률과 제도에 따라 특별공급용지의 공급기준·대상·가격·방법 등에 따라 해당 토지를 공급받을 수 있다. 우선적으로 종전 토지의 감정 평가를 최대한 높게 평가받아야 한다. 특별공급 용지를 공급받을 때, 보다 많은 면적을 확보할 수 있기 때문이다. 보통 감정 평가는 사업 시행자 측 감정 평가사와 토지 소유자 측이 선정한 감정 평가사가 평가 기준에 따라 평가하게 된다. 감정 평가를 잘 받기 위해서는 전문기관에 의뢰하거나 주민대책위원회에 적극적으로 참여해 선제적으로 대응해나가는 것이 중요하다. 이렇게 시간과 노력 등을 기울이면 토지의 감정 평가액을 통해 더욱 많은 면적을 공급받을 수 있고, 좋은 위치에 택지를 공급 받을 수 있을 것이다.

수용 방식 개발지구 토지 투자 핵심 포인트와 사례

　토지 수용법과 관련한 내용이 법률적·제도적인 내용이 많아 다소 어려울 수 있다. 하지만 어느 정도 이해했다면 수용 방식 개발지구 내 투자 포인트를 찾을 수 있다. 이해를 돕기 위해 많은 사람들의 관심 지역인 '대곡역세권 개발사업' 대상지의 사례를 들어보겠다.

　대곡역은 무려 6개 노선이 교차하는 '헥스트플 역세권'으로 수도권 서북부 교통의 중심지이자 남북 교류의 전략거점이다. 따라서 필자뿐만 아니라, 많은 투자자들로부터 관심을 받고 있다. 대곡역은 현재 3호선과 경의중앙선이 운행 중이며, 대곡소사선(서해선), GTX-A노선, 고양선, 교외선이 단계별로 추진될 예정이다. 대곡역세권 개발사업은 덕양구 대장동 일원의 180만㎡에서 개발제한구역(GB)을 해제하고 1조 9,000억 원의 사업비를 투입해 오는 2025년까지 대곡역 복합환승센터를 중심으로 첨단지식산업(BT, ET, ST)[8]을 비롯해 주거·상업·물류·유통·의류 등 첨단자족도시로 조성하는 사업이다. 2009년 대곡지역 현안사업으로 GB해제 물량을 확보하면서 추진된 이 사업은 2014년 2월, 수도권 광역급행철도(GTX A 노선) 추진이 발표되면서 본격적으로 검토되기 시작했다.

대곡역세권개발사업은 도시개발사업의 수용··사용 방식으로 LH 등 공공기관이 토지 수용법에 따라 토지를 매입해 사용하는 사업방식이다. 우리나라 토지 보상의 기준시점이 되는 사업인정의제는 개발사업마다 개별법으로 다루고 있다. 도시개발법의 사업인정고시일은 토지 등의 세목이 고시되는 날, 즉 도시개발구역 지정 및 개발계획 수립일이 기준일이 된다. 대곡역세권 도시개발사업은 이르면 2020년 12월에 도시개발구역 지정이 예정되어 있으나, 최근 사업 시행자가 LH로 변경될 것으로 보여 사업 기간은 좀 더 늦어질 것으로 보인다.

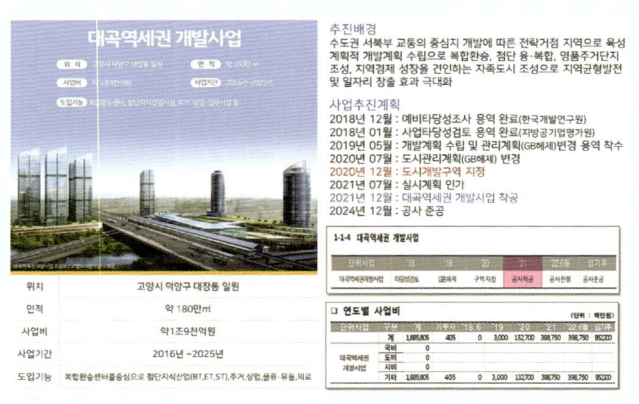

대곡역세권 개발사업 현황(고양도시관리공사)

---

8) BT(생명공학기술, Bio Technology) - 생명과학분야, ET(환경공학기술, EnvironmentDE Technology) - 환경공학분야, ST(우주항공기술, Space Technology) - 우주항공분야

대곡역세권 주변은 토지거래허가구역으로 지정되어 있다. 토지거래 허가구역의 토지 매입하려면 30km 이내 거주하는 농업경영인, 비농업인일 경우 고양시에 2년 이상 거주(전 세대원 포함)해야 한다. 또한, 경매로 나온 물건일 경우에는 일반 사람도 낙찰받을 수 있다.

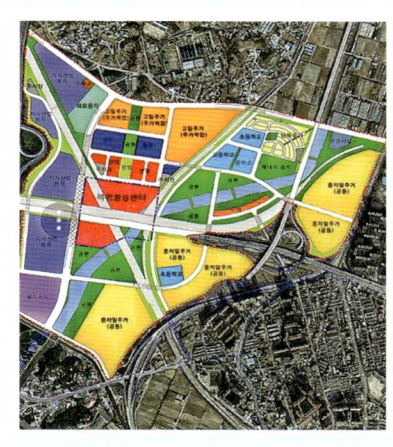 

대곡역세권개발 토지이용계획(안)　　　　대곡역세권 토지거래 허가구역

다음 그림은 대곡역세권 도시개발예정지 내 경매 땅이다. 경기 불황에도 입찰에서 진행된 농지 경매 물건에 응찰자가 무려 24명이나 몰려 화제가 됐다. 해당 물건은 고양시 덕양구 대장동 소재 [전]1,879㎡로 대곡역세권 개발사업 예정지에 전면적이 편입되었다. 감정가 8억 7,373만 5,000원으로 감정 평가되어 1회 유찰된 후, 6억 1,161만 5000원을 최저가로 2차 입찰이 진행됐다. 개찰결과 24명의 응찰자가 몰려 고양시에 거주하는 전모 씨가 감정가의 98.15%에 해당하는 8억 5,760만 원을 써

내 최고가매수신고인으로 선정됐다. 이 물건에 이처럼 응찰자가 대거 몰린 이유는 무엇일까? 물론 수도권 광역급행철도 'GTX-A노선 대곡역'과 '대곡역세권 개발사업(180만㎡)'에 대한 기대감이 반영된 결과로 보이나, 토지수용법에 따라 수용되는 지역임에도 불구하고 이처럼 감정 가격 수준에 낙찰된 것은 땅으로 보상받을 수 있다는 판단이 있었을 것이다.

대곡역세권 개발예정지 내 토지 경매 사례

이 땅은 과연 어떻게 될까? 우선 이주자택지 공급 대상은 도시개발구역 지정 1년 이전부터 가옥에 계속 거주한 자이어야 한다. 이 땅은 농지(전)로 가옥에 거주할 수 없어 이주자택지에 해당하지 않는다. 또한, 생활대책 용지 공급대상은 농·축산업을 하던 생업종사자로, 이것도 역시 제한된다. 협의양도인택지의 공급대상은 도시개발구역지정 공람공고일 이전부터 사업지구 내 토지를 사업지구 내에 소유한 기준면적 '1,000㎡ 이상의 토지를 협의에 의해 양도한 자'다. 따라서 이 땅은 협의양도인택지(통상 주거 전용 단독주택 용지)나 대토 보상 용지를 공급받을 수 있다. 협의양도인택지(단독주택 용지)는 감정 가격으로 공급받을 수 있으며 수의계약으로 진행된다. 대토 보상 용지의 단독주택 용지는 감정 가격으로 공급되고, 중심상업 용지를 제외한 일반상업 용지는 감정 가격×평균낙찰률(낙찰 가격/감정 가격)로 공급되며, 평균 낙찰률이 120%를 초과하더라도 평균 낙찰률의 120%로 적용된다. 대토 보상 용지의 공급 방식은 우선순위에 따라 일반경쟁입찰 방식으로 진행된다. 해당 토지는 우선적으로 협의양도인택지 공급 대상이 되며, 대토 보상 용지로도 공급받을 수 있다. 대곡역세권 개발사업의 관심도가 높고, 미래가치가 높아 감정 가격대로 평가되더라도 공급받은 택지가 향후 상승할 것으로 기대된다.

수용 방식의 개발지구 내 토지 투자도 소액으로 충분히 가능하다. 협의 양도한 토지를 지분으로 공유하고 있는 경우에는 지분 면적을 기준으로 산정하며, 협의 양도한 공유지분면적이 기준 면적 미만인 경우에는 소유자 전원(다른 토지에 의해 별도 협의양도인택지를 공급받는 자 제외)의 지분 면적 합계가 기준 면적(수도권 1,000㎡) 이상인 경우 전원을 1인 공급대상자로 본다. 따라서 1,000㎡ 이상의 토지를 공유지분으로 공동 투자하면 협의 양도인택지(단독주택 용지)를 공급받을 수 있다. 다만, 미래가치가 뛰어난 개발지구 내 땅을 적절한 시세에 매입해야 한다. 특히 수용 방식의 개발지구 내 토지 투자는 장기간 거래가 제한될 수 있는 점에서 더욱 장기적인 투자 관점에서 바라봐야 한다.

Part 5.

'토지 투자의 숨은 진주'
농지연금 100% 활용하기

토지 투자의 불확실성을 제거하는 농지연금을 아시나요?

2020년에는 45조 원의 사상 최대 토지 보상금이 풀릴 예정이다. 대규모 택지개발사업과 도시개발사업이 본격화됨은 물론, 도로·철도 등 SOC사업도 대폭 확대될 예정이다. 이에 따라 해당 지역에서 대대로 농사 등 생업을 유지해왔던 토지 소유자들은 낮은 토지 보상가 때문에 결사반대하고 있다. 정부의 대토 공급 확대 추진에도 불구하고 역대급 토지 보상금은 인근 부동산 시장으로 갈아탈 수밖에 없는 구조가 된다. 주택공급량 확대와 규제 정책으로 인해 주택 시장에 대한 투자도 만만치 않은 상태에서 토지로 보상받은 토지주는 인근 토지에 관심을 보일 수밖에 없다. 만약, 보상받은 금액으로 주변의 다른 토지를 매수해 농업에 종사하려고 한다면 농지연금을 100% 활용해서 지가 상승이 유력한 저평가 토지를 매수하는 것이 가장 현명한 방법이다.

또한, 은퇴 후 귀농을 고려하는 도시민이나 토지 투자에 두려움이 있는 투자자에게도 농지연금은 아주 매력적인 정보다. 부자들은 노후자금 마련 방안으로 부동산 투자를 가장 선호하고 연금 등 금융상품의 비중은 낮은 편이다. 부자들이 부동산에 관심을 가지는 이유는 부동산에서 발생하는 임대료를 노후자금으로 활용할 수 있기 때문이다. 일반인들도 잘 먹고 잘사는 부자들을 벤치마킹해서 상가나 오피스텔 등의 수익형 부동산에 투자하고 싶지만, 가격 부담 때문에 여의치가 않다. 특히 상가는 초기 비용이 만만치 않게 들어가는 데다 요즘은 대출도 쉽지 않아 엄두가 나지 않는다. 따라서 일반인들도 부자들처럼 평생 월급을 받을 수 있는 부동산 투자, 농지연금을 활용한 농지가치 투자에 관심이 높아지고 있다. 농지연금을 제대로 알고 활용하면 상가나 오피스텔과 같은 수익형 부동산보다 안정적으로 매월 따박따박 평생 연금을 받을 수 있을 뿐만 아니라, 미래가치가 뛰어나고 개발압력이 높은 지역일 경우 땅값이 폭등해 큰 시세차익도 얻을 수 있다. 당신이 농지연금을 알면 알수록 토지 투자의 두려움이 사라지고 농지 투자의 매력과 가치를 깨닫게 될 것이다.

농지연금은 농지를 담보로 제공하고 일정 기간 연금을 수령하는 '농촌형 역모기지 제도'로 2011년에 처음 도입됐다. 정부가 농민 배려 차원에서 지원하는 상품으로 농림축산식품부와 한국농어촌공사에서 운영하고 있다. 고정자산 비중이 높은 농업 현실에 적합하고 농업인의 생활 안정에 기여한 획기적인 금융상품으로 평가되고 있다. 그래서인지 제도

도입 초기에는 농지연금에 대한 이해 부족과 충분치 않은 연금액 등으로 참여 인원이 크지 않았으나, 최근에는 지속적인 제도 개선으로 주택연금보다 더 많은 혜택과 연금을 수령하고 농지연금 가입 인원도 지속 증가하고 있다. 한국농어촌공사에 따르면 신규 가입 건수가 2019년 6월 말 기준 1,893건을 기록했으며, 2018년 대비 29.1% 증가한 수치로 누적 가입 건수도 1만 3,000건을 훌쩍 넘어섰다.

매월 300만 원, 부부가 함께 준비하면 600만 원 평생 받는 농지연금

　농지연금의 신청자격은 신청연도 말일 기준으로 농지 소유자 본인이 만 65세 이상이어야 한다. 또한, 신청인의 영농 경력이 5년 이상이어야 하며, 이때 영농 경력은 신청일 직전 계속 연속적일 필요 없이 전체 영농 기간 중 합산이 5년 이상이면 가능하다. 단, 대상 농지는 가입 신청자가 소유하고 있는 농지로 지목이 전, 답, 과수원으로서 실제 영농에 이용 중인 농지여야 한다. 또한, 저당권 등 제한물권이 설정돼 있지 않은 농지여야 하며, 본인 및 배우자 이외의 자가 공동 소유하고 있는 농지는 대상에서 제외된다. 농지연금 월 지급에는 농지 가격과 가입 연령, 그리고 지급 방식에 따라 결정되며, 월 300만 원 이내에서 가입 기간에 따라 종신형과 기간형으로 분류된다. 가입연령이 높을수록, 담보농지 평가 가격이 높을수록 더 많이 수령할 수 있다. 예를 들어 담보농지의 공시지가가 3억 원인 70세의 가입자가 종신정액형에 가입하면 월 지급금은 약 121만 2,000원이며, 10년 기간형에 가입할 경우 월 지급금은 약 238만 7,000원이 된다. 이렇게 한번 가입된 농지연금은 이후에 농지 가격이 변동된다 할지라도 가입 시점에 정해진 금액을 평생 받게 되고 만약 농지 가격이 오르게 되면 언제든 채무를 상환한 후, 연금을 해지할 수 있다. 농지연금의 가입 조건과 기준, 지급 방법, 예상지급 금액 등의 상세 내용은 농지은행통합포털 사이트(http://www.fbo.or.kr)에서 확인할 수 있다.

농지은행통합포털 사이트 홈페이지

농지연금은 매월 최대 300만 원까지 지급받을 수 있으며, 부부가 함께 준비하면 각각 300만 원씩, 최대 600만 원까지 안정적으로 연금을 받을 수 있다. 또한, 국민연금, 공무원연금 등 다른 연금과 중복해서 지급받을 수 있으며, 담보농지를 직접 경작하거나 임대를 통해 연금 이외의 추가소득을 얻을 수 있다. 농지연금의 재원은 정부 예산으로 안정성이 확보되어 있으며, 6억 원 이하의 농지는 재산세가 전액 감면되고, 특히 입지 좋은 곳에 저렴하게 농지를 구입하면 추후 땅값 상승의 효과도 볼 수 있다.

농지연금의 장점

필자가 농지연금 특강 등을 통해 상담하다 보면 국가에 농지를 빼앗기는 것이 아닌가 걱정하는 사람도 있는데, 농지연금을 신청하더라도 사용·소유권은 모두 토지 소유자에게 있다. 다만, 농지를 매도할 경우 받았던 농지연금액을 농지은행에 상환 후 매도하면 된다.

매월 받는 연금액수 얼마나 되나

실제로 매월 받는 연금 액수가 얼마나 될까? 농지연금 월 지급액은 농지 가격, 가입 연령, 지급 방식 등에 따라 결정되며, 가입 기간에 따라 종신형과 기간형으로 지급받을 수 있다. 농지 평가 금액은 공시지가의 100% 또는 감정 평가액의 90% 중 높은 금액으로 가입자가 선택할 수 있다.

담보농지가격 평가 방법

예를 들어, 농지평가금액이 약 1억 원가량의 농지를 보유하고 있다면, 매월 40여만 원가량의 연금을 받게 된다(종신형/만65세 기준). 가입 연령과 담보농지평가금액이 높을수록 더 많이 수령할 수 있다. 아래 도표는 가입 연령별 담보평가농지 금액이 1억 원일 경우와 5억 원일 경우 종신형으로 가입했을 때 예상지급금액이다.

구분	출생연도	수령기간	1억		5억	
			월 수령액	100세까지 (지가상승 고려×)	월 수령액	100세까지 (지가상승 고려×)
66세	53년생	35년	392,380만	1억 6,480만	196만	8억 2400만
71세	48년생	30년	442,450만	1억 5,928만	221만	7억 9641만
76세	43년생	25년	507,390만	1억 5,221만	253만	7억 6108만
81세	38년생	20년	595,970만	1억 4,303만	298만	7억 1516만

가입 연령별 농지연금 수령액 예시(종신형)

　농지연금의 지급 방식은 종신형 이외에도 기간형으로 5년형, 10년형, 15년형 중 택할 수 있다. 월 지급 상한금액은 최대 300만 원까지이다. 배우자 승계 조건으로 가입 시 농지연금 가입자가 사망할 경우, 배우자가 남은 연금을 승계받을 수 있다. 그렇다면 농지연금 신청 나이인 만 65세가 되는 시점에 농지평가 금액이 어느 정도 되어야 평생 300만 원씩 받을 수 있을까? 농지평가 금액 1억 원 당 약 40만 원씩 지급되므로 농지평가 금액이 대략 7억 8,000만 원 정도면 매월 300만 원씩 평생 지급받을 수 있다(종신형 연금 지급 기준). 여기서 농지평가 금액이 7억 8,000만 원으로 많은 금액이 있어야 한다고 생각하는데, 땅값 상승으로 1억 원짜리 농지가 7억 원 이상 오를 수 있는 지역의 땅을 미리부터 준비하면 된다. 연령대가 50대라면 좋고, 40대라면 더욱 좋다. 미리 준비하면 적은 종잣돈으로 평생 노후 준비가 끝나는 것이다. 또한, 너무 먼 얘기라고 하는 사람들도 있는데, 30대라도 부모님과 상의하면 충분히 재테크를 할 수 있을 것이다. 이처럼 농지연금을 100% 활용해 투자 설계부터 은퇴 설계까지 할 수 있게 된다.

1억 농지 투자로 월 300만 원 평생 연금 받는 농지가치 투자법

만약 당신에게 종잣돈 1억 원이 있다면 어디에 투자하겠는가? 수익형 상가나 오피스텔, 아파트, 아니면 프랜차이즈 매장을 차려 자영업을 하겠는가? 상가나 오피스텔은 공실 문제와 추후 매도 걱정이 있다. 아파트는 정책과 경기에 따라 시세가 들쭉날쭉 불안하다. 자영업 폐업률은 익히 많이 들어봤을 것이다. 또, 계속해서 일해야 한다. 정년은 짧고 수명은 늘고 쓸 돈은 많다. 우리나라 40대와 50대, 그리고 60대까지도 대부분 비슷한 고민일 것이다.

토지를 처음 접한 사람에게는 토지 투자가 어렵게 느껴질 것이다. 적은 종잣돈이다 보니 투자의 기회를 놓칠까 하는 두려움 때문에 진입장벽이 높기도 하다. 하지만, 필자가 앞장에서 다뤘던 개발지구 내 땅이든, 개발지구 인접지 땅이든 항상 투자는 불확실성이 존재하기 마련이다. 어떤 투자도 불확실성이 존재하지 않는 투자는 없다. 안정성과 함께 높은 수익성을 갖춘 상품은 찾기 어렵다. 은행은 안정성이 있지만, 수익성이 떨어지고, 주식은 수익성이 좋지만, 원금 손실의 위험이 있다. 그렇다면 토지 투자는 어떻게 생각하는가? 땅은 잘만 하면 대박을 터트릴 수 있지만, 영원히 나의 피 같은 돈이 땅에 묶일 수도 있다. 하지만 농지연금을 활용한 농지 투자는 투자의 불확실성을 제거한다. 이처럼 투자의 불확실성을 제거하고 기대 이상의 높은 수익률도 추구할 수 있는 것이 바로 농지연금을 활용한 농지가치 투자다.

미래가치가 있는 농지 투자를 통해 땅값 상승 효과와 동시에 매월 300만 원씩 평생 연금을 받을 수 있다면 얼마나 좋을까? 앞에서 다뤘던 개발지구 내 용도가 바뀐 새 땅으로 돌려받는 방법, 개발지구 인접 지역에 대한 투자 방법만으로도 충분히 투자 포인트를 찾을 수 있겠으나, 불확실성을 제거하고 더욱 완벽한 토지 투자를 하고 싶다면 농지연금을 활용한 농지가치 투자에 해답을 찾을 수 있다. 필자가 상담했던 회원 중 한 분은 종잣돈 1억 원으로 은퇴준비를 하고 싶어 했다. 현재 55세 나이로 정년은 65세다. 과연 이 회원은 1억 원의 농지 투자로 월 300만 원 평생 연금을 받을 수 있을까? 확실히 가능하다. 우선 회원분이 은퇴 준비를 위한 의지가 강하고, 주변에 지인이 땅을 사서 대박이 났던 간접경험이 있어 토지 투자에 어느 정도 확신이 있기 때문이다. 그리고 투자의 목표 기간도 명확하다. 현재 나이가 55세, 정년이 65세이므로 투자 기간은 10년을 목표로 한다. 투자 마인드, 경험, 투자 기간과 종목까지 명확하다. 이제 방법만 알면 된다. 1억 원 농지 투자로 10년 후 땅값이 5~7배 정도 오르면 된다. 월 300만 원까지 받기 위해서는 농지평가 금액이 7억 8,000만 원 정도 돼야 하기 때문이다. 농지를 살 때 공시지가나 감정가 대비 저렴하게 사면 매입과 동시에 차익이 생기게 된다.

예를 들어, 1,000㎡(330평)짜리 농지의 공시지가나 감정 가격이 3.3㎡(평)당 40만 원인데, 30만 원에 사게 되면 토지매입비는 약 1억 원이 든다. 농지를 매입과 동시에 약 3,300만 원의 차익이 생긴다. 10년 후에 땅값이 전혀 오르지 않아도 농지연금으로 신청하면 3,300만 원 이득이다. 10년 후 공시지가나 감정 가격이 약 6배 정도 오르면 농지 평가 금액은 7억 9,200만 원이 된다. 만 65세 농지연금 신청 나이가 되어 농지연금에 가입하면 월 300만 원 평생 연금을 받을 수 있고, 매도하면 6억 이상의 차익을 남길 수 있다. 행복하지 않은가? 이렇게 농지가치 투자는 토지 투자의 숨어 있는 진주와 같다. 이렇게 땅값이 오른 사례는 앞장에서 살펴본 52쪽의 그림과 같이 충분히 찾을 수 있다. 물론 미래가치가 뛰어나고 개발 압력이 높은 지역은 저렴한 물건을 찾기가 어려울 수 있다. 이럴 때는 적정시세에 매입하는 것이 중요하다. 미래가치와 개발 압력이 높은 지역은 상승 여력이 충분히 높기 때문에 싸게 농지를 매입하기 어려워도 적정시세에 매입한다면 향후 땅값 상승을 기대할 수 있을 것이다. 농지연금을 활용한 농지가치 투자를 위해서는 농지가치 투자법 3단계를 순서대로 적용하면 더욱 효과적으로 투자할 수 있다.

1단계 ▶ 명확한 목표를 설정하라

소중한 나의 종잣돈 1억이다. 자칫 투자에 실패하면 투자의 기회를 상실하게 된다. 가장 주의해야 할 것은 나와 가까운 지인이다. 지인의 말을 있는 그대로 믿지 말고, 기획부동산 같은 곳은 가급적 피하라. 모든 투자는 누군가의 말을 믿고 하는 것이 아니다. 투자의 책임을 남에게 돌리는 것이야말로 정말 무책임한 것이다. 물론, 선생님과 같은 전문가의 조언은 필요하다. 일생일대의 투자의 기회를 현명하고 똑똑하게 하려면 우선 배우고 학습하라. 어느 정도 학습이 됐다면 목표를 설정해야 한다. 정년이 얼마 남지 않아 은퇴 후 노후준비가 막막한가? 30대 젊은 나이지만, 부동산 투자를 통해 10년 후 1,000평의 땅과 10억 원의 자산을 만들고 싶은가? 돈을 벌려면 이처럼 간절한 무엇이 있어야 한다. 토지 투자의 마인드와 목표 설정은 뼈대와 같은 것이다. 땅은 땅이 가진 특성처럼 긍정적이고 진취적인 사람을 좋아한다. 그런 사람이 땅주인이 되는 것이다. 토지 투자의 마인드가 준비되었다면 투자 목적과 투자 기간을 설정하고, 기대수익을 달성하기 위한 본격적인 투자 설계, 노후 준비라면 은퇴 설계에 돌입하라.

2단계 ▶ 미래가치가 높은 지역을 선정하라

땅은 지역 바람을 탄다. 따라서 땅은 지역 선정만 잘 하면 대박이 날 수 있다. 최근에 어떤 지역의 땅값이 폭등했는가? 그렇다면 앞으로 어느 지역이 폭등하겠는가? 땅은 자본력과 정보력만 있으면 쉽게 투자하고 큰돈을 벌 수 있다. 종잣돈 마련이야 사업과 노동을 통해 모을 수 있지만, 정보는 쉽게 구하기 어렵다. 어느 지역이 바람이 불어 땅값이 폭등할지는 100% 알 수 없지만, 국토계획과 도시계획을 보면 충분히 예측이 가능할 것이다. 모든 개발계획은 국토계획과 도시계획에 따라 시행되었기 때문이다. 더군다나 3기 신도시 등 대규모 택지개발사업과 도시개발, GTX, 고속도로, 산업단지, 관광단지, 혁신도시 등 수도권뿐만 아니라 전국에 걸쳐 계획되고 진행 중이다.

또한, 앞으로 20년의 국토계획이 담길 제5차 국토종합계획은 2019년 말에 나온다. 최상위 국토종합계획이 나오게 되면, 이를 토대로 하위 계획인 광역도시계획을 포함한 지역과 부문별 행정계획이 수립된다. 이처럼 좋은 토지 투자의 기회는 다시 찾아오기 힘들다. 따라서 국토계획과 도시계획을 통해 사전에 정보를 얻어 미래가치가 뛰어난 지역을 선점한다면 성공 확률을 좀 더 높일 수 있을 것이다. 땅은 미래가치가 높은 지역 선정이 최우선이다.

3단계 ▶ 저렴하고 좋은 땅을 찾아라

농지연금용 토지를 저렴하게 사려면 어떤 방법이 있을까?

첫 번째로 가장 먼저 경매 물건을 떠올릴 것이다. 하지만 몇 번 유찰된 물건은 맹지이거나 가치가 없는 토지일 가능성이 크다. 경매 물건 중 가끔 좋은 물건은 주로 부동산 경기가 좋지 않을 때 나온다. 시기와 타이밍이 잘 맞아 떨어져야 가성비 좋은 토지를 경매받을 수 있게 된다.

두 번째는 현지 부동산을 통해 알아보는 일이다. 현지 부동산에 나온 물건은 대부분 시세에 준해서 나오기 때문에 공시지가와 감정가 이하 물건은 찾기가 어렵다. 이 역시 경기가 안 좋을 때 눈먼 땅이 나오는데, 그런 땅이 나올 가능성은 극히 희박하지만, 때로는 이상하게도 좋은 땅이 나올 때가 있다.

세 번째는 지주 작업을 직접 하는 방법이다. 지주 작업은 시간과 노력, 기다림을 이겨내야 한다. 지주 작업은 투자하고자 하는 해당 지역을 선정하고, 우편을 보낸 다음 전화가 올 때까지 기다려서 토지주로부터 전화가 오면 가격을 깎는 작업을 해야 한다. 때로는 지주를 직접 만나 설득에 나서기도 한다. 이런 시간과 노력이 들어가야 하는 어려움이 있다. 성공에 이르는 길에는 반드시 대가가 따르는 법이니 어렵더라도 위 3가지 방법 중 어느 하나라도 꾸준히 시도해보면 반드시 저렴하고 좋은 땅을 찾게 될 것이다.

농지연금 + 농지가치 투자 사례

　농지연금을 활용한 농지가치 투자의 사례를 살펴보자. 다음의 사례는 파주시 파주읍에 위치한 토지 경매 물건이다. 2,716㎡(821.59평)의 계획관리 지역의 농지다. 2명이 공동입찰해 감정가 대비 54%인 3억6,510만 원에 낙찰됐다. 현재 상태에서 농지연금으로 활용 시(만65세 기준) 정액형으로 매월 235만 원씩 지급 받을 수 있으며, 30% 일시인출형으로 가입 시 1억6000만 원은 일시금으로 지급받고, 매월 165만 원씩 지급받게 된다. 만약 기간을 두고 영농경력 5년을 채우고 5년 후에 신청하면 어떻게 될까? 파주는 남북관계에 밀접하게 반응하는 지역이다. 최근 남북관계 개선으로 10여 년 전 땅값을 회복한 후 상승 분위기를 탔다. 해당 토지는 파주 공장 및 창고지대와 맞물린 계획관리 지역의 농지다. 차량 접근이 가능해 공장 용지로도 이용가치가 있으며, 남북관계에 훈풍이 불면 땅값이 오를 가능성이 있어 미래가치가 높은 지역의 땅이다. 만약 5년 영농 경력을 갖추고 5년 후 농지연금을 가입한다면 더 많은 연금을 받을 수 있을 것으로 보인다. 해당 토지는 경매의 장점인 주변 시세 대비 저렴하게 매수했다는 점과 주변이 공장지대로 공장 수요층 확보가 가능해 토지의 이용가치가 있으며, 향후 남북관계 개선 호재 등으로 미래가치가 뛰어나다. 5년 후, 410평씩 분할해 부부가 함께 농지연금을 준비하는 것도 가능하다.

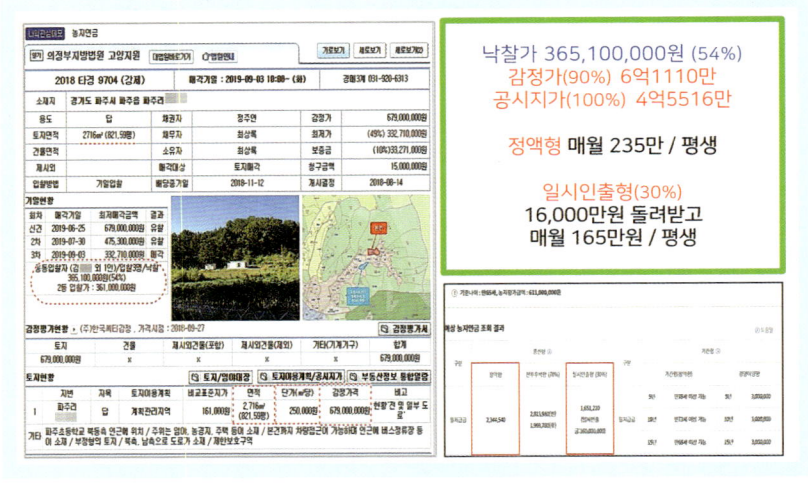

농지연금용 토지 경매 사례(파주)

다음의 사례는 앞서 2장에서 살펴봤던 펜션부지 개발용 토지를 농지연금용으로 활용하는 방법이다. 3명이 공동입찰해 2,939㎡(889.04평) 농지를 감정 가격 대비 60%인 2억 3,550만 원에 낙찰받았다. 현재 펜션부지로 이용가치가 있을 뿐만 아니라, 북측으로 새만금 개발지가 위치해 있고, 남측으로는 변산 리조트가 위치해 있어 미래가치가 높은 지역의 땅이다. 우선 경매를 통해 감정 가격 대비 60%로 저렴하게 낙찰을 받아 차익이 발생했으며, 2~3필지로 분할 후 농지연금용 토지로 활용할 수 있다.

농지연금용 토지 경매 사례(변산)

농지가치 투자 = 현재 토지 이용가치 + 미래가치

농지연금으로 연금을 많이 수령하는 것도 좋지만 토지(농지)의 자산가치가 높은 투자에 중점을 두고 투자하는 방법이 농지가치 투자다. 따라서 현재 토지의 이용가치가 있고, 미래가치가 높은 농지를 투자해야 투자 설계부터 은퇴 설계까지 더욱 완벽하게 준비할 수 있을 것이다.

농업인 혜택 누리기

농지연금을 활용한 농지가치 투자를 하면 농업인의 혜택까지 누릴 수 있다. 국가에서 농업을 장려하기 위해 청년 농업인 지원프로그램 등 다양한 지원 사업을 추진 중이다. 농지연금의 신청대상이 되려면 1,000㎡ 이상의 농지를 소유하고 영농경력 5년 이상이 되어야 한다. 농업인이란 농업 등에 종사하는 개인을 말한다. 다음의 어느 하나에 해당하면 농업인이다.

[농지법 시행령 제3조]
① 1,000㎡ 이상의 농지에서 농작물 또는 다년생식물을 경작 또는 재배하거나 1년 중 90일 이상 농업에 종사하는 사람
② 농지에 330㎡ 이상의 고정식 온실, 버섯 재배사, 비닐하우스 등

농업생산에 필요한 시설을 설치해 농작물 또는 다년생식물을 경작 또는 재배하는 사람

③ 대가축 2두, 중가축 10두, 소가축 100두, 가금 1,000수 또는 꿀벌 10군 이상을 사육하거나 1년 중 120일 이상 축산업에 종사하는 사람

④ 농업경영으로 농산물의 연간 판매액이 120만 원 이상인 사람

1,000㎡(330평) 규모의 농지(전, 답, 과수원)를 매입하면 농업경영인으로 등록이 된다. 농지를 매입할 때 법무사를 통해 신청하면 농업경영계획서 작성과 농지취득자격 발급 등 쉽게 처리할 수 있다. 농업인으로 인정받는 서류는 농지원부다. 농지원부는 과거의 농업 사실을 소급해 등재할 수 없으니 상속·매매·증여 및 시설 설치 등의 원인으로 경작하는 농지에 변경사항이 있거나 농지원부에 누락된 농지가 있을 경우, 바로 해당 거주지 읍·면·동 사무소로 등재를 요청해 소중한 농업인의 권리를 놓치지 않아야 한다. 또한, 농지원부에 세대주와 세대원이 등재되는데, 자녀가 세대원으로 등재되면 경작농업인으로 농지연금의 영농경력 5년에 해당된다. 농지를 직접 경작하고도 농지원부를 발급받지 못하면 농업인으로 인정되지 않아 농지연금 가입이 불가하게 된다. 따라서 해당 주소지 읍·면·동 사무소에 등재를 요청하고 농지연금 자격을 갖추어야 한다.

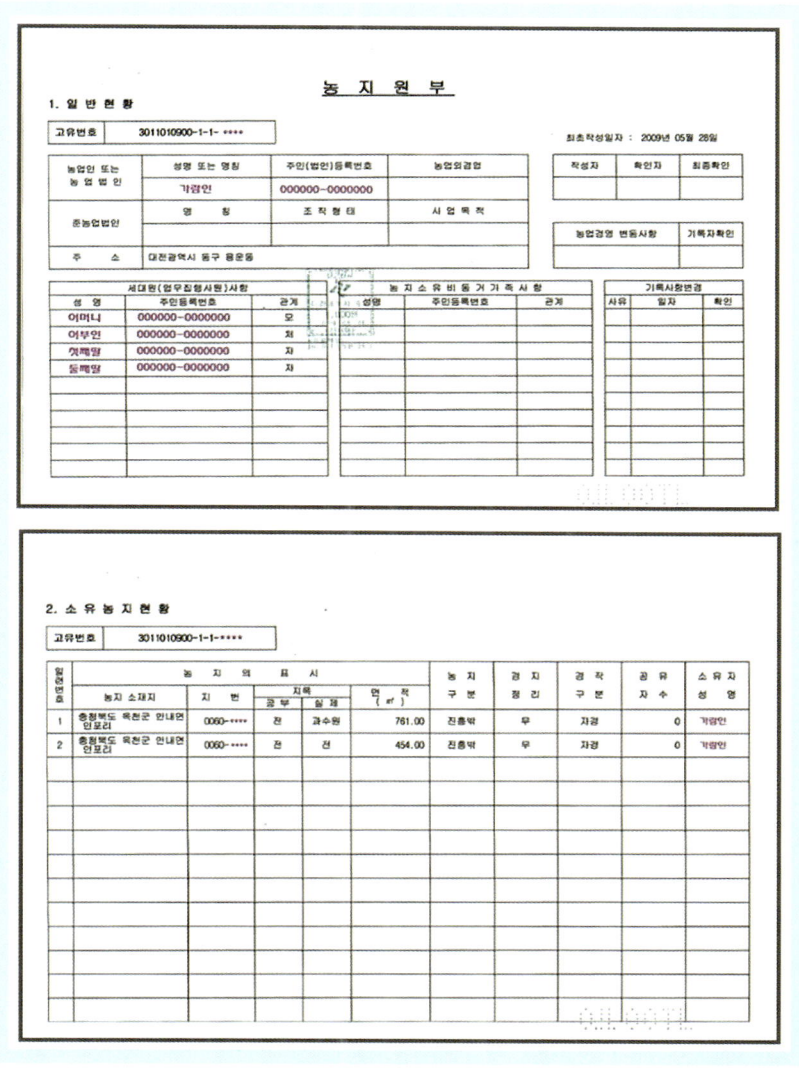

농지원부 양식

Part 5. '토지 투자의 숨은 진주' 농지연금 100% 활용하기

농지연금 신청 자격 및 요건 (2019년 11월 농지연금 업무처리요령 개정)

대상농지(담보농지)는 농지연금 신청일 현재 다음 각 호의 요건을 모두 충족하여야 한다.

① 「농지법」상의 농지 중 공부상 지목이 전·답·과수원으로서 사업대상자가 소유하고 있고 실제 영농에 이용되고 있는 농지

② 사업대상자가 2년 이상 보유한 농지 (상속받은 농지는 피상속인의 보유기간 포함)

③ 사업대상자의 주소지(주민등록상 주소지 기준)를 담보농지가 소재하는 시·군·구 및 그와 연접한 시·군·구 내에 두거나, 주소지와 담보농지까지의 직선거리가 30km 이내의 지역에 위치하고 있는 농지

* ②와 ③의 요건은 2020년 1월 1일이후 신규 취득한 농지부터 적용

④ 경영이양형의 경우에는 농업진흥지역 내 농지로서 공사가 맞춤형 농지지원사업으로 매입할 수 있는 농지

⑤ 경매 및 공매(경매·공매 후 매매 및 증여 포함)를 원인으로 취득한 농지는 농지연금 신청일 현재, 신청인의 담보농지 보유기간이 2년 이상이면서 '담보농지가 소재하는 시·군·구 및 그와 연접한 시·군·구 또는 담보농지까지 직선거리 30km' 내에 신청인이 거주(주민등록상 주소지 기준)하는 경우 담보가능 (2019년 11월 1일부터 시행)

농지연금 신청 자격 및 요건의 개정된 내용은 크게 2가지로 볼 수 있다. 농지연금용 토지를 취득한 후 보유기간 2년 이상 충족요건과 해

당 농지로 부터 직선거리 30km 내에 신청인이 거주(주민등록상 주소지) 요건이다.

농어촌공사에서는 최근 농지연금 가입자가 급격히 늘어나면서 농지연금 신청 자격 및 요건을 강화했다. 농지연금이 상당한 매력이 있는 만큼, 향후 가입자는 더욱 늘어날 것으로 보인다. 개정된 내용을 보면, 농지를 2년 이상 보유해야 하는 조건과 직선거리 30km 내에 거주 요건이 충족돼야 하는데, 이 조건을 맞추는 것은 큰 무리가 없을 것이다. 다만, 농지연금 가입자가 증가할수록 농지연금 신청 자격 및 요건이 한층 강화될 수 있기에 서둘러 농지연금을 준비해야 기회를 잡을 수 있을 것으로 판단된다.

농업인의 자격을 갖추면 아래와 같이 농업인의 다양한 혜택을 누릴 수 있다.

① 농지원부에 등재한 후 2년 경과하면 취·등록세 50% 감면
② 농업인 주택이나 농업용 시설로 농지를 전용할 시 농지전용 부담금 면제
③ 농지취득자격증명을 받지 않고 다른 지방의 농지 매입 가능
④ 토지거래허가구역에서 30km 이내에 있는 다른 시·군·구의 농지를 구입 가능
⑤ 농협 대출 시 이자 0.1~0.5% 감면, 근저당 설정 시 등록세 채권

면제

⑥ 건강보험료 50% 감면, 국민연금 50% 지원(월 한도액 4만 원 정도)

⑦ 교육비 지원(영·유아, 고등학생, 대학생)

⑧ 농업용 유류 구매 시 면세유 혜택

⑨ 8년 이상 자경 후 양도소득세 비과세(1년 1억 원, 5년 2억 원 한도)

⑩ 쌀 직불금 등 농업소득 보전 직접 지불제 혜택

⑪ 농지연금 신청 대상 기준에 해당 시 농지연금 혜택

 농지연금을 활용한 농지가치 투자는 토지 투자의 환금성 문제를 완전 해결하고, 수익형 부동산처럼 매월 평생 연금을 지급받을 수 있으며, 향후 토지(농지) 가치 상승을 통해 높은 시세차익을 얻을 수 있다. 더불어 농업인의 혜택까지 누릴 수 있어 그야말로 토지 투자의 '숨은 진주'라 할 것이다.

Part 6.

GTX 시대,
어디를 주목해야 할까?

앞으로 20년
국토종합계획 새 판 짠다

　전국의 모든 땅을 다 사고 싶겠지만, 적은 종잣돈으로 일생일대 투자의 기회를 놓칠 수 없으니, 최대한 가능성이 높은 지역에 투자해야 한다. 부동산의 중심축과 개발축을 분석할 때 먼저 큰 숲을 그린 다음, 나무를 봐야 한다. 따라서 부동산 투자의 큰 그림이자, 보물지도인 국토종합계획을 살펴보고 미래가치가 있는 지역이 어디인지 선별하는 작업이 선행되어야 한다.

　국토종합계획은 국가 경제발전 단계에 따라 국토 공간구조, 이용 및 관리를 선도해온 최상위 공간계획이다. 국토종합계획을 토대로 지역별·부문별 하위 계획이 수립되므로 국토종합계획은 부동산 투자의 기본서라 말할 수 있다. 제5차 국토종합계획은 예정보다 1년 앞당긴 2019년 말에 수립되어 2020~2040년까지 밑그림이 그려진다. 보면 제4차 국토종합계획(2000~2020)이 수립된 후 두 차례 수정계획이 나왔다. 수정계획이 수립되더라도 큰 골격은 변하지 않는다. 따라서 제5차 국토종합계획(2020~204)은 앞으로 20년의 부동산 투자의 방향을 제시해주는 보물 지도와 같다.

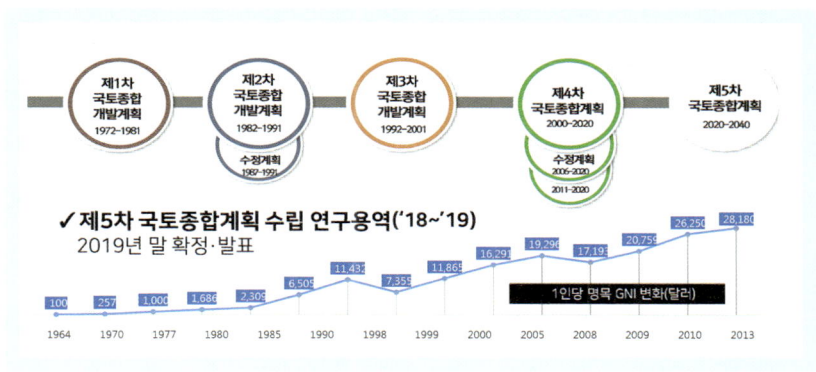

국토종합계획 수립 현황(출처: 국토교통부)

국토종합계획이 국토기본법의 최상위 계획이라면 국토계획법의 최상위 계획은 광역도시계획이다. 광역도시계획은 도시·군 기본계획의 상위 모델이며, 광역도시계획을 통해 권역별 공간계획 등을 살펴볼 수 있다. 현재 수립된 수도권 등 13개 권역의 광역도시계획(2021~2040)이 2020년 말에 수립된다. 국토종합계획을 통해 숲을 보고(투자 지역 선정), 광역도시계획과 도시기본계획을 통해 나무(투자 지역 내 입지)를 보면 투자의 방향이 완벽히 그려지게 된다. 앞으로 20년의 보물 지도가 찾아온다. 투자는 타이밍이다. 찾아온 토지 투자의 기회는 미리 준비하는 자에게 찾아오고 그 기회를 잡을 수 있는 행운을 얻게 된다. 누구보다 먼저 이 보물지도를 살펴보고, 미리 선점하면 기회가 곧 행운이 될 것이다.

국토 및 도시계획 체계(출처: 국토교통부)

2000~2020년 큰 그림들

모든 개발은 지도에 그려진 계획대로 간다. 제4차 국토종합계획(2000~2020)의 기본 골격은 서해안 신산업벨트, 동해안 에너지관광벨트, 남북교류 접경벨트, 남해안 선벨트로 그려졌다. 서해안 신산업벨트는 중국·유럽과의 경제교류의 중심축으로 '골드벨트'라고 불리며, 동해안 에너지관광벨트는 러시아·북미와의 에너지·관광 교류의 축으로 '블루벨트'라 불린다. 또한 휴전선을 축으로 한 남북교류 접경벨트는 '에코벨트'라 불린다. 남해안의 동서를 연결하는 남해안 선벨트는 20년간 개발의 한 축이었으나 문재인 정부의 한반도 신경제벨트 구상에서는 제외됐다. 특히, 한반도의 골드벨트인 서해안 신산업벨트(새만금~당진·평택~인천·경기 서해축)만 보더라도 계획대로 개발되었고, 경제 중심축인 만큼 국가의 예산이나 발전계획의 중심이었다는 것을 확인할 수 있다. 이처럼 모든 개발은 국토계획과 도시계획에 따라 진행된다. 때론 사업성이나 예산이 부족해 개발사업이 늦어질 수는 있어도 계획대로 변화되어 왔다는 것을 확인할 수 있다.

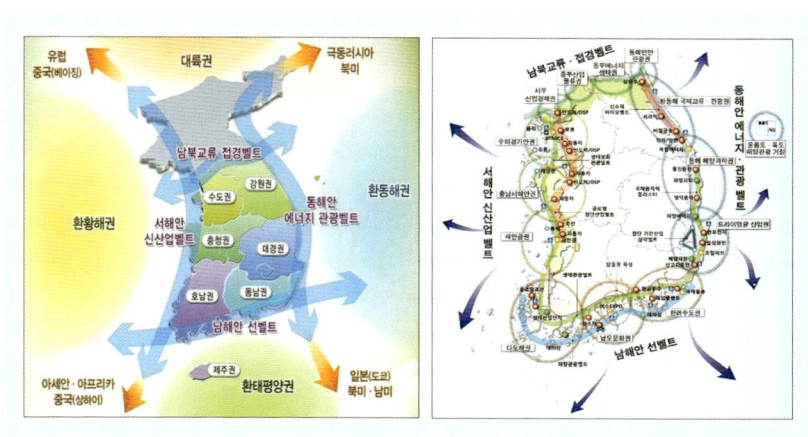

제4차 국토종합계획 '국토형성의 기본 골격' (국토교통부)

앞으로 20년 한반도에 부는 바람

한반도에 생긴 국토의 기본 골격이 있다. 한반도 신경제지도 3대 벨트인 'H벨트'다. 한반도 신경제공동체 구현이라는 정책하에 3대 경제벨트를 구축하고 우리나라의 경제영역을 대륙을 넘어 세계로, 미래로 도약하기 위한 한반도 신경제지도 구상 계획이다.

3대 경제벨트란?
- 환황해권 : 수도권, 개성·해주, 평양·남포, 신의주, 중국을 연결하는 교통 · 물류 산업벨트
- 환동해권 : 원산·함흥, 단천, 나선, 러시아를 연결하는 에너지·자원벨트
- 접경지역 : DMZ 생태평화안보관광지구, 통일경제특구를 연결하는 환경·관광벨트

어찌 보면 우리나라는 남북이 둘로 갈라져 있어 대륙에서 대륙으로 넘어가지 못하는 경제적 섬나라에 불과하다. 2018년 평창 동계올림픽을 기점으로, 같은 해 4월 27일 남북정상회담이 개최됐으며, 그 이후 남북관계 개선을 통해 새로운 성장의 기회를 맞이하고 있다. 이것이 실현된다면 과거처럼 성장의 동력을 찾지 못하는 우리 경제는 경제적 영토가 확장됨은 물론, 전 세계의 이목을 집중시켜 엄청난 기회가 생기게 된다. 또한, 꽉 막혀 있던 혈관에 피가 돌 듯 한반도 전역의 부동산 열기도 뜨

겹게 달궈질 것이다. 이전에 수립된 국토종합계획의 중심축이 수도권을 중심으로 남쪽으로 치우쳤다면, 앞으로 20년의 국토계획이 그려질 제5차 국토종합계획의 개발 중심축은 남에서 북으로 향하게 될 것이다. 또한, 대 중국 물류와 경제교류의 중심축인 환황해 경제벨트는 이전에 수립된 계획보다 좀 더 구체화되어 신경제성장의 중심이 될 것이다.

한반도 신경제지도 구상 3대 벨트(국정기획자문위원회)

한반도의
골드벨트를 노려라

　제5차 국토종합계획의 골드벨트는 환황해 경제벨트다. 첨단 산업·물류의 국제 교류벨트로 중국, 동북아시아, 유럽대륙으로 항만과 고속화 철도·도로가 연결되는 경제 중심축이다. 한마디로 한반도의 '돈줄'인 셈이다. 과거에는 개발의 축이 수도권을 중심으로 서·남쪽에 집중됐다면, 제5차 국토종합계획은 남에서 북으로 개발의 중심축이 이동하고 개발계획도 구체화될 전망이다. 그렇다면 어느 지역에 집중해야 할까? 일자리와 사람, 돈이 몰리는 지역은 어디일까? 우리는 국토종합계획에서 제시하고 있는 새만금~당진·평택~인천·경기 서해축으로 이어지는 환황해 경제벨트에 주목해야 한다. 그리고 골드벨트 중에서 권역별 주요 지역에 대해 관심을 가져야 한다. 제5차 국토종합계획에서 언급된 권역별 주요 관심 지역 및 투자 유망 지역을 살펴보자.

구 분		투자 유망 지역(관심 지역)	주요사업
수도권	서울	광운대, 창동, 삼성역, 서울역	역세권 중심의 개발사업
	인천	송도	GTX-B, MICE
		영종	항공산업, 첨단물류
		청라	첨단로봇, 생산단지
		교동도	평화산단, 남북평화도로
		계양	3기 신도시(계양테크노밸리)
	경기도	왕숙지구, 교산지구, 대장지구, 창릉지구	3기 신도시
		용인, 고양(대곡)	GTX 역세권 개발사업
		파주, 동두천, 의정부	주한미군 반환공여지 개발
		일산, 양주, 구리·남양주	테크노밸리
		시화반월, 성남, 부천, 군포, 동두천	산업 및 공업단지
		안산, 김포, 평택	항만유휴지 개발
		파주, 김포, 연천	통일경제특구
충남·전라권		당진·평택, 새만금	대규모 항만, 산업물류단지

투자 유망 지역과 주요사업

GTX 시대, 수도권 핫플레이스

서울은 2030 서울플랜에 따라 3도심 7광역 중심 12지역 중심으로 다핵의 기능적 체계를 유지하고, 역세권 중심의 도시관리 구현, 서울역을 중심으로 한 유라시아 철도 연결의 3가지 키워드를 주목해야 한다. 특히 서울역, 삼성역, 창동역, 광운대 역세권 개발사업이 핫플레이스다.

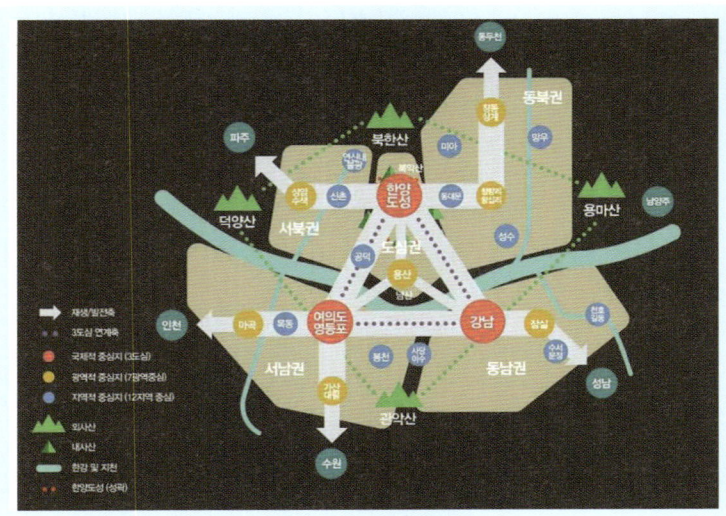

서울 도시공간구조 도시축 설정(2030서울도시기본계획)

인천은 송도~영종~청라를 중심으로 클러스터를 조성하고, 남북평화 고속도로를 연결 강화~교동~해주를 잇는 경제특구 자유 지대를 구상하고 있다.

제5차 국토종합계획 공청회 자료(인천)

경기도는 수도권광역급행철도(GTX), 3기 신도시 조성사업, 통일경제특구, 제2차 테크노밸리 조성사업 등이 주요 관심 지역이다.

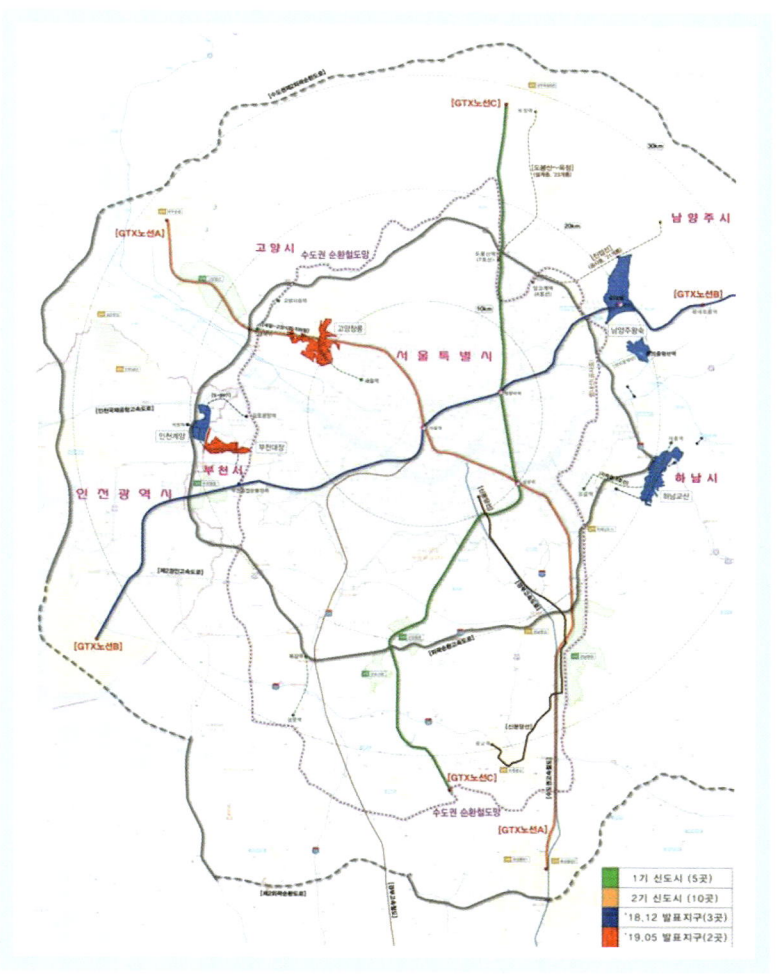

신도시 위치도(국토교통부)

3기 신도시인 남양주왕숙·하남교산·부천대장·고양창릉·인천계양과 1기 신도시 사이, 1기 신도시와 2기 신도시 사이에 낀 땅은 역대급 토지 보상금이 풀리는 인접 지역으로 땅값이 상승하는 지역이다. 또한, 3기 신도시개발과 1·2기 신도시 교통망 개선으로 철도와 도로가 신설되거나 확장되면서 직접적인 수혜를 얻는 지역이 될 전망이다. 특히 수도권 서북권을 중심으로 반경 10km 내에 토지 보상금 11조 원이 풀릴 예정이어서 귀추가 주목된다. 3기 신도시로 지정된 창릉신도시, 대장신도시, 계양신도시와 일산테크노밸리, 고양장항주택지구, 풍무역세권, 대곡역세권 등 각종 도시개발사업이 반경 10km 내에 사업이 추진된다.

　수도권 서북권에서 일어날 엄청난 토지 보상금과 도로·철도 확충사업은 인근 지역 땅값 상승에 불쏘시개가 될 것으로 분석된다. 돈이 풀리는 곳에 사람이 모이고, 사람이 모이면 도로와 철도가 생기고, 도로와 철도가 생기면 땅값이 폭등한다는 사례는 주변 곳곳에서 흔히 볼 수 있다.

토지 보상금 11조 원이 풀리는 수도권 서북권

인구가 몰릴 지역은 어디인가?

아래 그림은 2015년 국토연구원에서 발표한 "2040년 인구변화 예상 추이"다. 인구증감 지역을 보면 인천·경기·세종시 주변으로 인구가 증가하고 서울과 그 외 지역은 감소할 것이란 분석이다.

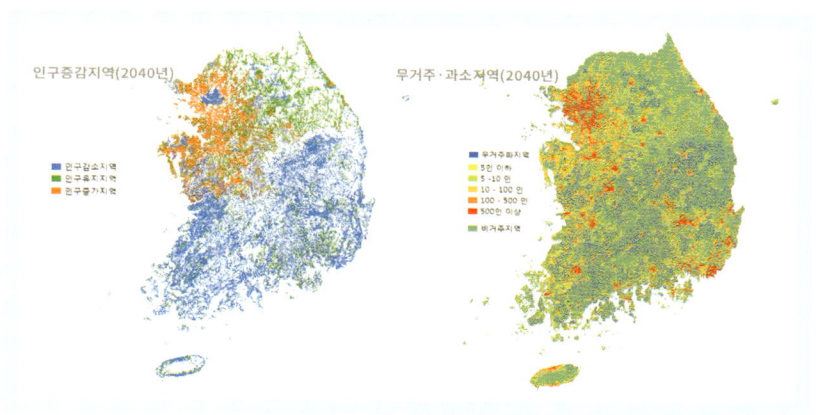

2040년 인구변화 예상 추이(국토연구원, 2015.)

통계청에서 발표한 시도별 장래인구 추계에서도 2017년 대비 2047년에 경기, 세종, 충남, 제주, 충북, 인천 6개 시도의 인구는 증가하고 그 외 11개 시도의 인구는 감소하는 것으로 분석됐다.

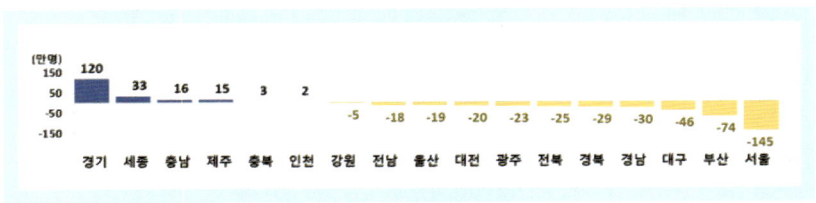

시도별 총인구 증감, 2017년 대비 2047년(통계청. 2019.)

산업단지, 테크노밸리 등 기업이 유치되어 일자리가 창출되고 인구가 몰릴 지역은 어디인가?

통계청 시도별 장래인구 추계와 국토연구원 인구변화 예상 추이에서 분석된 자료를 토대로 투자 지역을 압축해보자. 인구가 감소하거나 유지되는 지역은 가급적 투자 대상 지역에서 제외하고, 인구가 증가할 수도권의 저평가된 지역을 찾아 투자 자금대에 맞는 후보지를 선정하는 것이 바람직하다. 토지는 지역 바람을 탄다. 개발 호재에 움직이고 기대심리에 의해 땅값이 요동친다. 따라서 토지 투자는 지역 선정이 가장 중요하다. 지역을 선정하는 작업부터 철저히 조사하되, 가급적 국토 및 도시계획 지도를 바탕으로 국가가 계획한 곳을 선택하는 것이 성공적인 투자로 이끄는 방법이 될 것이다.

美 트럼프 대통령과 짐 로저스는 왜 북한 땅을 말하는가?

　미국 도널드 트럼프 대통령의 최대 성과는 한반도에 달렸다. 만약, 북한과의 문제를 평화적으로 해결한다면 노벨평화상은 물론 2020년 11월 재선에도 당선될 가능성이 커질 것이다. 트럼프 대통령은 북한의 엄청난 잠재력을 거듭 강조하고 있다. 이것은 트럼프 대통령에게도 김정은 위원장에게도 기회이다. 만약 기회를 날려버린다면 트럼프 대통령과 한반도 안보는 위기를 맞을 것이다. 전문가들은 현 상황이 과거 분위기와는 사뭇 다르다고 말한다. 김정은 위원장은 꽉 막힌 돈줄을 풀고 경제적으로 부강한 나라를 만들겠다는 의지가 있고, 트럼프 대통령은 역사상 최대 성과를 정치적 성과로 승화시킬 수 있기 때문이다. 모두에게 이익이 있다면 그 거래는 성사될 가능성이 아주 높다.

　변화를 예측하고 한발 앞서 움직이는 자, 이것이 언제나 성공하는 투자자의 필수조건이다. '금융계의 인디애나 존스'라고 불리는 짐 로저스는 투자 전문회사 로저스 홀딩스 회장을 맡고 있으며, 조지 소로스와 함께 퀀텀 펀드를 창립해 4,200%라는 기록적인 수익을 거둔 전설의 투자 전문가다. 그는 최근 인터뷰를 통해 "지난 50년 사이 세계에서 가장 자극적인 나라는 일본이었다. 40년 사이에는 싱가포르였고 30년 동안은 중국이었다. 통일 이후 한반도는 멋지고 활기찬 땅이 될 것"이라고 말하면서 "남·북한 국경은 이미 개방되기 시작했다. 휴전선에서 무장 병력이 철수하고 있고 지뢰가 제거되고 있다. 나는 남북한 교류가 국경을 넘어 본격화되는 시점을 2020년 말 전으로 본다. 어쩌면 더 빨리 올지도 모른다"고 강조했다. 특히, 한반도는 앞으로 국경이 개방되면 적어도 20년 동안은 세계에서 가장 흥미진진한 투자처가 될 것이라고 밝혔다.

왜 미국의 트럼프 대통령과 짐 로저스는 북한 땅을 말하는가? 그 이유는 북한의 지리상 위치, 저평가된 잠재가치 등 미래 성장 잠재력이 높기 때문이다. 우리는 2020년 큰 변화를 기회로 맞이할 중대한 시점에 와 있다. 남북관계가 개선되어 경제교류가 시작되면 투자의 기회를 놓칠 수 있다. 예측하고 선점하는 것이 무엇보다 가장 중요하다. '땅은 바람이 불었을 때 사는 것이 아니라 파는 것'이다. 아직 기회는 있다. 남북교류가 시작되면 가장 수혜를 입을 지역은 어디인가? 다음의 그림은 남북철도 단절구간이다. 2018년 4.27 판문점 회담에서 남북 정상이 남북철도 연결 사업을 추진키로 합의했다. 남북관계 호재에 따라 파주, 고성 일대 땅값이 출렁인다. 기대심리에 의해 투기 수요가 몰리는 것인데, 무조건 접경 지역에 투자하는 것은 바람직하지 않다. 남북관계에 따른 수혜지역이 손에 꼽히지만 가급적 투자 목적, 투자 기간, 목표 등을 설정하고 철저히 조사해 투자하는 것이 바람직하다. 물론 이것이 거의 확실하다고 생각되면, 1초의 망설임도 없이 과감히 던져라. 고민하고 주저하다가 땅을 치고 후회한다. 기회는 준비된 자에게만 온다.

남북철도 단절구간 연결(제3차 국가철도망계획, 2016)

북한은 2013년 5월 경제개발구법을 제정했다. 경제개발구법은 투자자들이 재산과 소득, 신변, 지적소유권 등의 보호를 받으며, 토지는 북한 현행법상 최장 기간인 50년 동안 임차할 수 있다고 규정하고 있다. 북한의 경제특구는 김정은 체제하에서 21개를 지정하고 있다. 김정은 위원장은 '40일 경제시찰' 행보 등 경제정책을 강화하면서 핵 경제건설 병진 노선을 종료하고 경제건설 총력 집중을 새 노선으로 제시했다. 대내적으로 남북 및 북미관계 개선으로 전쟁의 위협이 상대적으로 줄어든 상황에서 민생발전에 매진하자는 뜻을 알리려는 의도로 분석된다.

구분	경제개발구
경제특구	신의주 국제경제지대, 황금평·위화도 경제지대, 나선경제무역지대, 개성공업지구, 원산·금강산관광특구
중앙급 경제개발구	은정첨단기술개발구, 진도수출가공구, 강령국제녹색시범구, 무봉국제관광특구
지방급 경제개발구	압록강경제개발구, 만포경제개발구, 위원공업개발구, 온성섬관광개발구, 혜산경제개발구, 청수관광개발구, 송림수출가공구, 와우도수출가공구, 청남공업개발구, 숙천농업개발구, 신평관광개발구, 현동공업개발구, 홍남공업개발구, 북청농업개발구, 청진경제개발구

구분	라선	신의주	개성	원산·금강산	황금평·위화도
위치	함경북도	평양북도	황해남도	강원도	평안북도
면적	약 470 km²	132km²	66 km²	약 100 km²	황금평 16.0km² 위화도 12.2km²
유형	경제무역지대	홍콩식 특별행정구	공업단지	관광특구	경제무역지대
주요기능	첨단기술산업, 국제물류업, 장비제조업, 무역 및 중계수송, 금융	금융, 무역, 상업, 공업, 첨단과학, 오락, 관광지 개발	공업, 무역, 상업, 금융, 관광지 개발	국제관광지	정보, 관광문화, 현대농업, 경공업
자치권	–	입법, 행정, 사법	독자적 지도·관리	–	행정

북한의 경제특구 현황 및 특성(경기연구원, 2018)

통일경제특구를 알면
돈이 보인다

통일은 '나' 하고는 아무 상관 없는 얘기라고 생각한다면 큰 오산이다. 남북관계 급진전으로 접경 지역 땅값이 요동을 치고 있는 가운데 절호의 기회를 놓쳐선 안 된다. 접경 지역 부동산 정보를 제대로만 파악한다면 적은 종잣돈이 큰 재산을 불러올 수 있다는 사실을 알아야 한다. 통일은 대박이라고 누가 얘기했던가? 통일이 안 되어도 좋다. 투자 관점에서 남북 간의 경제적 협력만 가속화돼도 분명 대박의 행운을 맛볼 수 있을 것이다. 땅값은 기대심리에도 움직이기 때문이다.

통일경제특구 구상은 개성공단 시범단지 완공 시점인 2005년 말 논의되기 시작했다. 2006년 2월 한나라당 임태희 의원을 비롯해 여야의원 100명이 '통일경제특별구역의 지정 및 운영에 관한 법률안'을 공동 발의하면서 정치권에서도 국가 정책안으로 본격적으로 제기되었다. 통일경제특구 구상은 그 필요성과 타당성에 대한 공감대를 지속적으로 넓혀왔으나, 남북관계가 경색되기 시작한 2008년 이후부터 답보 상태다. 18대 국회를 거치면서 4건의 통일경제특구 관련 법안이 발의되고, 2010년에는 정부(통일부)안이 제출되는 등 논의가 재활성화되었지만, 남북관계 경색 지속으로 18대 국회에 상정된 법안들은 임기 만료로 폐기되었다. 19대 국회 출범 이후 2015년 총 6건의 통일경제특구 법안이 발의되는 등 통일경제특구 관련 논의가 지속되었으며, 최근 남북관계 개선 및 급진전 상황에서 가속화되어 정부 부처 간 이견 조율이 마무리되었고, 현재 20대 국회에서 통일경제특구 법률안 제정을 앞두고 있다. 조세특례제한법과 지방세특례제한법, 국유재산특례제한법 등 이 법 제정에 필요한 부수법안 역시 모두 발의된 상태다. 북미협상이 잘 끝나고 남북교류가 물꼬를 트는 시점에 통일 경제특구 통과가 가시화될 것으로 보인다.

한반도 신경제지도 구상의 핵심은 하나의 경제협력체계 구축을 목표로 환동해, 환황해, 접경지역 평화의 3개 경제벨트를 구축하는 것이다. '3대 경제벨트 구축'은 환동해 경제권, 환황해 경제권, 접경지역 평화벨트의 개발을 통해 북방경제와의 연계를 강화하고 한반도의 균형 발전을 도모하는 것이다. 새로운 성장 동력을 확충하는 전략이며, 경기도의 경의축과 경원축에 통일경제특구를 조성하면, 각각 환황해 경제벨트와 접경 지역 평화벨트의 거점 역할을 할 수 있다. 경기도는 경의축과 경원축을 중심으로 통일경제특구를 조성하되, 경의축은 개성과 연계하고, 경원축은 강원도의 철원과 연계해 한반도 신경제지도 구상을 실현하는 한편, 통일경제특구 조성은 경기 북부와 타 시·도 접경지역의 숙원인 지역발전 요구에 부응하는 것으로서, 통일경제특구의 지정과 조성을 통해 지역경제 활성화와 지역발전 동력을 확보할 것이다. 경의축은 국제기구, 학술교류 및 국제교역, 개성공단 연계사업 및 첨단산업, 관광, 주거 기능을, 경원축은 국제평화생태 및 관광, 물류, 에너지 및 육종 산업, 주거 등의 기능을 분담하게 된다.

경의축 및 경원축 통일경제특구 조성 방향(경기연구원. 2018)

접경 지역 지자체들의 통일경제특구 구상

인천시는 환황해권 발전구상의 일환으로 개성과 연계한 남북경협 전략을 발표했다. 특히 남북 평화도로 영종~신도 구간 건설이 확정되었고, 남북경협이 본격화될 경우 교동평화단지를 추진할 계획이다.

강화경제자유구역과 남북경제특구 조성계획(경기연구원. 2015)

김포시는 남북교류협력단지 기능 확대와 함께 개성공단과 연계해 북한의 기술자가 출퇴근하는 기술집약적 경협산업단지를 조성하고, 김포-개성 간 육상교통망 연계를 기본방향으로 제시했다. 특히, 조강리 평화경제특구, 고정리 일원에 남북교류협력을 위한 50만 평 규모 산업단지를 조성해나갈 계획이다.

파주시는 대규모 LCD산업단지가 입지하고 있으며, 개성공단과 가장 인접한 지역으로 통일경제특구의 산업적·지리적 여건에 유리하다. 파주시는 장단반도 일대를 후보지로 선정하고, 남북 경제협력 단계 및 남북교류협력 단계로 2단계에 걸친 통일경제특구 개발 계획을 수립했다.

파주시 통일경제특구 개발 구상(경기연구원, 2015)

고양시는 2013년 'JDS지구 장기발전 기본구상(안)'을 발표했으며, 신한류 국제문화예술도시와 남북평화교류 전진도시 개발을 목표로 추진하고 있다. JDS지구는 한류월드, 킨텍스 등이 인접해 있어 예술·문화·출판 등 산업과의 연계 발전과 중·장기적으로 JDS지구를 남북경협과 평화통일을 준비하는 실질적인 거점도시로 조성할 계획이다.

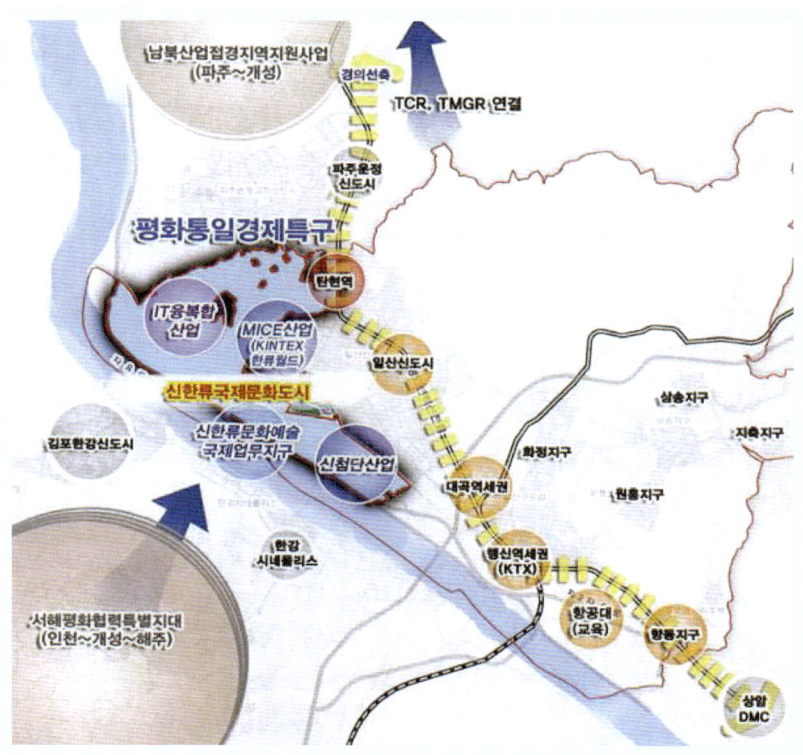

고양JDS지구 장기발전 구상도(경기연구원. 2015)

연천군은 장남면 고랑포리 및 자작리 일원에 100만 평 규모의 남북교류협력지구를 개발하겠다는 계획이다. 3만 평 규모의 시범단지 운영 이후 43만 평 규모의 개발 1단계 등 단계별 개발 구상을 담고 있다.

연천군 남북교류협력지구 조성계획(경기연구원. 2015)

수도권 '광역교통 2030'을 주목하라

만약 당신이 수도권 부동산 투자를 고려하고 있다면, 대도시권 광역교통 정책 방향을 담은 '광역교통 2030'을 주목하라. 국토교통부 대도시권광역교통위원회는 10월 31일 '광역교통 2030'을 발표했으며, 앞으로 10년간 대도시권 광역교통의 정책 방향과 광역교통의 미래모습을 제시하는 기본구상으로, "광역거점간 통행시간 30분대로 단축", "통행비용 최대 30% 절감", "환승시간 30% 감소"의 3대 목표를 제시했다.

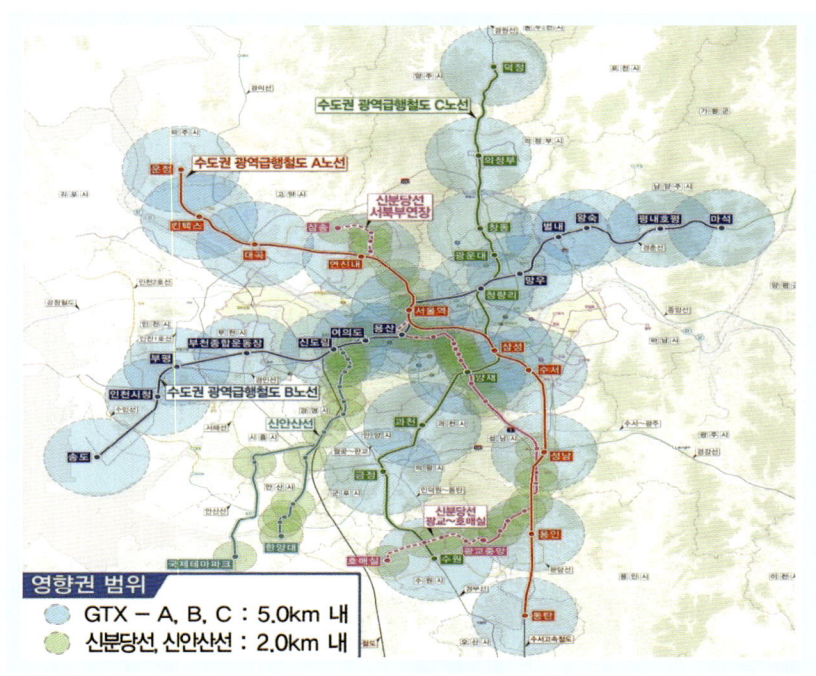

GTX 신안산선 신분당선 수혜지역 범위(국토교통부)

특히, 국토교통부는 철도망을 2배로 확충하여 수도권의 주요 거점을 광역급행철도로 30분대에 연결하고, 파리, 런던 등 세계적 도시 수준의 광역교통망을 완성할 계획이다. 따라서 돈의 흐름이 크게 변화할 것으로 보인다. 돈의 흐름이 변한다는 것은, 수도권의 부동산 투자처도 움직인다는 것으로 해석할 수 있다. **"모든 길은 로마로 통하며, 부동산은 도로와 철도로 향한다"** 따라서 도로와 철도노선은 곧, 돈이다.

수도권급행철도 GTX-A노선은 2023년, 신안산선은 2024년 계획대로 차질없이 준공하고, GTX-B · C노선은 조기 착공을 적극 추진할 것으로 밝혔다. 추가적으로, 급행철도 수혜지역 확대를 위해 수도권 서부권 등에 신규노선도 검토할 계획이다. 서부권 급행철도 신규노선에 대해서는 가칭 GTX-D노선이라 불리면서 많은 관심을 보였다. 앞으로 구체화 될 이 노선은, 현재 GTX노선의 수혜지역 범위 밖의 지역인 김포 한강신도시 - 인천 검단신도시 - 계양신도시, 대장신도시 등이 검토될 것으로 예상된다. GTX역세권 단지들이 가치가 올랐던 만큼 향후 신규 발표될 서부권 급행철도 신규노선(가칭 GTX-D)에 대해서도 주목해야 한다. 정부는 수도권 광역급행철도를 간선축으로 철도 중심의 대중교통망을 확충하기로 하였으며, 각 권역별 광역철도망 계획을 살펴보면 다음과 같다.

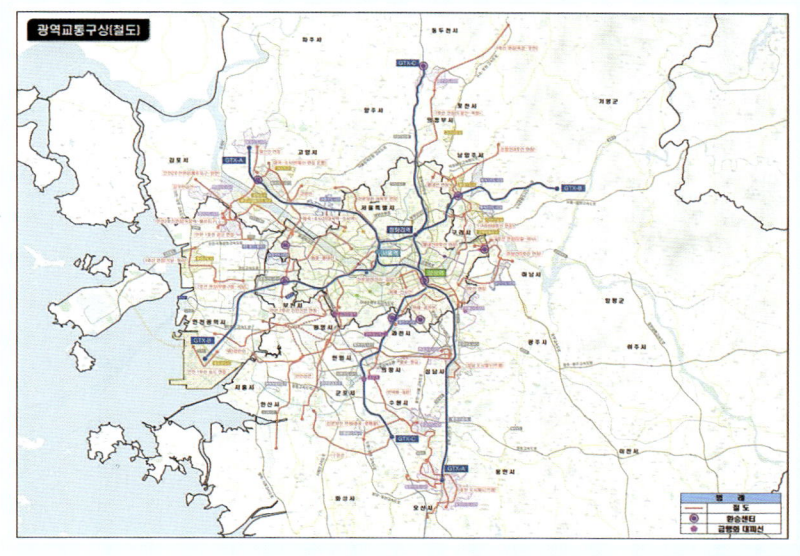

수도권 광역철도구상(국토교통부)

동북권 광역교통 구상

서울 도심을 30분 이내로 연결하는 광역급행철도망 조속 구축(GTX-B·C)

- 남북방향 철도망 보완으로 한강 이남지역 접근성 제고(7·8호선 연장 등)
- 구리·남양주축 철도서비스 확대를 위한 철도 확충 검토

간선도로 확충으로 경부고속도로 등의 교통량 분산(구리-세종, 오산-용인 등)

연계교통 강화를 위해 S-BRT 신설(왕숙) 및 환승센터 구축(덕정·별내역 등)

구분	사업명	사업구간	연장(km)	추진현황	향후계획(안)	비고
동북권	GTX-B	마석~송도	80.1	'19.8 예타통과	'22 착공	구리·남양주축 보완
	GTX-C	덕정~수원	74.2	기본계획 수립 중	'21 착공	의정부축 보완
	진접선 (4호선 연장)	당고개~진접	14.9	공사 중	'21 준공	구리·남양주축 보완
	별내선 (8호선 연장)	암사~별내	12.9	공사 중	'23 준공	구리·남양주축 보완
	별내선 연장	별내~진접	3.2	왕숙지구 광역교통개선대책 수립 용역 중(광역교통개선 분담금 등 활용)	예타 등을 거쳐 조치	왕숙 광역교통개선대책
	7호선 연장	도봉산~옥정	15.3	설계 중	'19.下 착공	의정부축 보완
		옥정~포천	19.3	사업계획 적정성 검토 중	'19.下 기본계획 수립 착수	의정부축 보완
	구리선 (6호선 연장)	신내역~구리역	4	예타 중	예타 결과에 따라 조치	구리·남양주축 보완
	S-BRT (타당성 검증)	다산역~GTX-B역~풍양역	10	왕숙지구 광역교통개선대책 수립 용역 중 (광역교통개선 분담금으로 추진)		왕숙 광역교통개선대책
	환승센터	별내역	-	설계 중 (국비 미투입)	'22 준공	별내 광역교통개선대책
		덕정역	-	구상중 (국비 미투입, LH)	'22 착공	양주광역교통개선대책

동남권 광역교통 구상

외곽지역을 빠르게 연결하는 급행간선망 구축(GTX-A, 인덕원~동탄 등)

- 신도시 개발 등 생활권 확대에 맞춰 도시철도 연장(3·5호선 하남 연장 등)

간선도로 확충으로 경부고속도로 등의 교통량 분산(구리-세종, 오산-용인 등)

GTX 수혜권 확대를 위해 신시가지를 트램(동탄, 성남), **BRT로 연결**

- 편리한 연계교통을 위해 환승센터 구축(청계산입구역, 선바위역 등)

구분	사업명	사업구간	연장(km)	추진현황	향후계획(안)	비고
동남권	GTX-A	운정~동탄	83.1	공사 중	'23 준공	성남축 보완
	하남선	상일동~창우동	7.7	공사 중	'20 준공	하남축 보완
	(5호선 연장) 인덕원~동탄	인덕원~동탄	37.1	설계 중	'21 착공	성남축, 과천/안양축 보완
	인덕원~동탄	위례중앙~신사	14.7	민자사업 제3자 공고 중	'22 착공	위례 광역교통개선대책
	위례~신사선	광교~호매실	11.1	예타 중	예타 결과에 따라 조치	광교·호매실 광역교통개선대책
	신분당선 연장	복정~경마공원	15.2	사전타당성 조사 용역 중	예타 등을 거쳐 조치	하남축과 과천/안양축 연결
	위례~과천선	오금~덕풍	10	교산지구 광역교통개선대책 수립 용역 중(광역교통개선 분담금으로 추진)		교산 광역교통개선대책
	3호선 연장 (타당성 검증)	강일~미사	1.4	서울시도시철도망 구축계획(안)에 선행구간(고덕~강일) 반영 검토 중	예타 등을 거쳐 조치	하남축 보완
	신분당선 용산~강남	신사~강남(1단계)	2.5	공사 중	'22 준공	성남축 보완
	동탄 도시철도 (트램)	반월~동탄2	32.3	사전타당성 조사 용역 중	용역 결과에 따라 예타 등을 거쳐 조치	동탄 광역교통개선대책
	성남 도시철도 (트램)	판교~정자역/운중동	13.7	예타 중	예타 결과에 따라 조치	성남축 보완
	환승센터	삼성역	-	실시계획 중	'19 착공	성남축 보완
		강일역	-	사전타당성 조사 용역 중	용역 결과에 따라 예타 등을 거쳐 조치	하남축 보완
		선바위역	-	과천지구 광역교통개선대책 수립 용역 중(광역교통개선 분담금으로 추진)		과천 광역교통개선대책
		청계산입구역	-	사전타당성 조사 용역 중	용역 결과에 따라 예타 등을 거쳐 조치	성남축 보완

서남권 광역교통 구상

도심방향 광역급행망 확충
(GTX-B·C, 신안산선)

- 생활권 확대에 맞추어 도시철도 연장(인천 1호선 송도연장, 7호선 청라 연장 등)

- 급행철도 확대(월곶~판교, 경부선급행화 등) 및 동서방향 전철도 확충 검토(제2경인선, 인천2호선 연장 등)

간선도로 상습정체 해소를 위해 외곽순환 복층화 검토(서창~김포) 및 제2순환 조속 완공

신도시 접근성 및 환승편의 제고를 위한 S-BRT 신설(부천대장 등) 및 환승센터 구축(부천종합운동장역 등)

구분	사업명	사업구간	연장(km)	추진현황	향후계획(안)	비고
서남권	GTX-B	마석~송도	80.1	'19.8 예타통과	'22 착공	인천/부천축 보완
	GTX-C	덕정~수원	74.2	기본계획 수립 중	'21 착공	과천/안양축 보완
	신안산선	안산·시흥~	44.6	'19.9 착공	'24 준공	광명축 보완
	월곶~판교선	여의도	34.1	설계 중	'21 착공	광명축과 성남축, 과천/안양축 연결
	수인선	월곶~판교	19.9	공사 중	'20 준공	과천/안양축 보완
	원종~홍대선	수원~한대앞	16.3	사전타당성 조사 용역 중	예타 등을 거쳐 조치	인천/부천축 보완
	인천 2호선 연장	원종~홍대입구	미정	사전타당성 조사 용역 중	예타 등을 거쳐 조치	광명축 보완
	인천 1호선 송도 연장	인천대공원역~신안산선	7.4	공사 중	'20 준공	인천/부천축 보완
	7호선 연장	부평구청역~석남동	4.2	공사 중	'20 준공	인천/부천축 보완
		석남동~청라국제역	10.7	설계 중	'21 착공	인천/부천축 보완
	제2경인선	인천 청학~광명	18.5	예타 중	예타 결과에 따라 조치	광명축 보완
	경부선 급행화	시설개량	–	공사 중 (금천구청역, 군포역)	'19.下 준공	과천/안양축 보완
	과천선 급행화	시설개량	–	예타 중	예타 결과에 따라 조치	과천/안양축 보완
	환승센터	부천종합운동장역	–	대장지구 광역교통개선대책 수립 용역 중(광역교통개선 분담금으로 추진)		대장 광역교통개선대책
	BRT	안양~사당 (호계사거리~남태령)	11.2	타당성 검토 중	예타 등을 거쳐 조치	과천/안양축 보완
		수원~구로(구로디지털단지역~장안구청)	25.9	설계 중	–	과천/안양축 보완
		청라~강서(청라~가양역)	23.1	공사 준비 중	–	인천~부천축 보완

Part 6. GTX 시대, 어디를 주목해야 할까?

서북권 광역교통 구상

주요거점 이동시간 단축을 위한 광역급행철도 조속 완공(GTX-A)

- 신도시 개발사업 등 생활권 확대에 맞추어 교통개선을 위한 철도망 확충(고양선, 인천1호선 검단 연장, 김포한강선 등)

- 남북 방향 이동편의성 증대를 위한 서비스 확대(대곡-소사선 일산 운행, 인천2호선 일산 연장)

제2순환 조속 완공(김포~파주~양주), 제1·2순환망 연결(서울~문산 등)

GTX역 등 주요 환승거점에 환승센터 구축(킨텍스역, 김포공항역)

구분	사업명	사업구간	연장 (km)	추진현황	향후계획(안)	비고
서북권	GTX-A	운정~동탄	83.1	공사 중	'23 준공	고양/파주축 보완
	인천 1호선 검단 연장	계양역~검단신도시	6.9	설계 중	'20 착공	인천검단 광역교통개선대책
	인천 2호선 연장	독정역~불로지구	4.45	예타 중	예타 결과에 따라 조치	김포축 보완
		불로지구~일산역~탄현	15	사전타당성 조사 용역 중	예타 등을 거쳐 조치	김포축과 고양/파주축 연결
	김포한강선	방화~양곡	24.2	사전타당성 조사 용역 중	예타 등을 거쳐 조치	김포축 보완
	일산선 연장	대화~운정	7.6	사업재기획 용역 추진 중	예타 등을 거쳐 조치	고양/파주축 보완
	고양선*	새절역~고양시청	14.5	창릉지구 광역교통개선대책 수립 용역 중(광역교통개선 분담금으로 추진)		창릉 광역교통 개선대책
	신분당선 서북부 연장	삼송~용산	18.5	예타 중	예타 결과에 따라 조치	고양/파주축 보완
	대곡~소사선	대곡역~소사역	18.4	공사 중	'21 준공	김포축과 고양/파주축 연결
		일산 연장 운행				
	S-BRT*	계양지구~부천종합운동장역	9.3	계양·대장지구 광역교통개선 대책 수립 용역 중(광역교통개선 분담금으로 추진)		계양·대장 광역교통 개선대책
		박촌역~김포공항역	8.0			
	환승센터	킨텍스역	-	타당성 검토 용역 중	용역 결과에 따라 예타 등을 거쳐 조치	고양/파주축 보완
		김포공항역	-	예타 중	예타 결과에 따라 조치	김포축 보완

정부는 철도, 도로 등의 광역교통시설사업 관련 법정계획을 절차에 따라 2020년 하반기까지 확정키로 하였다. 진행 중인 사업은 공정관리를 통해 적기에 개통하고, 계획 사업 등은 설계기간 단축 및 조기 착공을 추진한다.

* **제2차 광역교통기본계획(2020~2040) 및 제4차 광역교통시행계획**(2021~2025),

제4차 국가철도망구축계획(2021~2030), 제2차 국가도로망종합계획(2021~2030)

또한, 정부는 철도망 확충 뿐만 아니라, 수도권 간선도로 혼합개선을 위해 광역도로망 구상을 함께 발표했다. 수도권 광역도로망 계획을 살펴보면 다음과 같다.

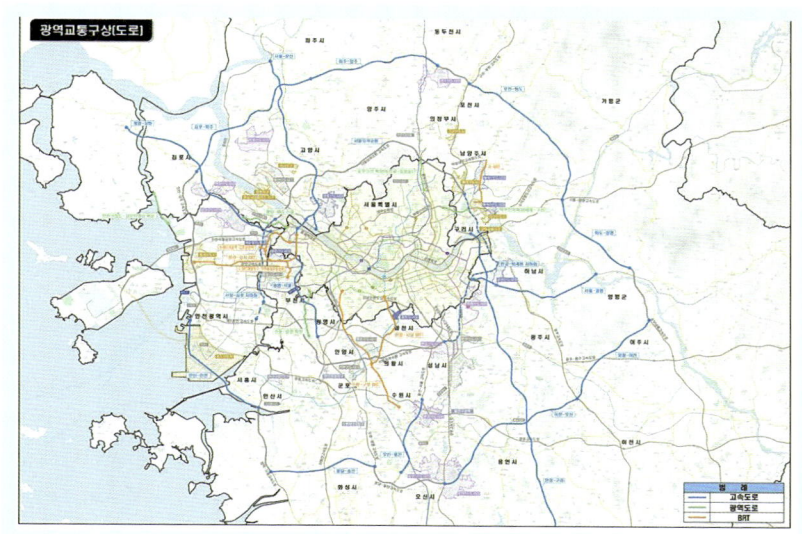

수도권 광역도로구상(국토교통부)

구분	사업명	사업구간	연장(km)	추진현황	향후계획(안)	비고
간선도로 혼잡개선	간선도로 지하화	외곽순환 고속도로 (판교IC~퇴계원)	28	사전타당성 조사 용역 중	예타 등을 거쳐 조치	성남축, 하남축, 구리·남양주축 보완
		외곽순환 고속도로 (서창~김포)	18.4	민자사업 제3자 공고 준비 중	'19. 下 제3자 공고	인천/부천축 보완
	제2순환 고속도로 건설	포천~화도	28.9	공사 중	'23 준공	구리·남양주축, 의정부축 보완
		화도~양평	17.6	공사 중	'22 준공	구리·남양주축 보완
		양평~이천	19.4	공사 중	'26 준공	하남축 보완
		이천~오산	31.3	공사 중	'22 준공	성남축 보완
		봉담~송산	18.3	공사 중	'21 준공	과천/안양축 보완
		안산~인천	19.4	예타 통과 후 타당성 조사 중	'21 착공	인천/부천축, 광명축 보완
		김포~파주	25.4	공사 중	'25 준공	고양/파주축 보완
		파주~양주	24.8	공사 중	'23 준공	고양/파주축 보완

		구간	연장(km)	현황	향후계획	비고
간선도로 혼잡개선	1·2순환 고속도로 연결	서울~양평	27	예타 중	예타 결과에 따라 조치	하남축 보완
		서울~세종 고속도로 (안성~구리)	72.2	공사 중	'22 준공	성남축 보완
		오산~용인	17.3	민자사업 제3자 공고 준비 중	19.下 제3자 공고	성남축 보완
		계양~강화	31.5	예타 중	예타 결과에 따라 조치	김포축 보완
		서울~문산	35.2	공사 중	'20 준공	고양/파주축 보완
		광명~서울	20.2	공사 중	'24 준공	인천/부천축 보완
	광역도로 확충	동부간선 확장 (녹천교~장암동)	9.5	공사 중	'21 준공	의정부축 보완
		북부간선 확장 (태릉~구리)	4.8	설계 중		구리·남양주축 보완
		천왕~광명 확장	6.4	공사 중	'21 준공	광명축 보완
		원당~태리 신설	5.0	설계 중	'20 착공	인천검단 광역교통개선대책
		인천거첨도~김포약암리 확장	6.4	공사 중	'21 준공	김포축, 인천/부천축 연결

'광역교통 2030'을 통해 도로와 철도가 획기적으로 발달하게 되면, 부동산 시장 또한 엄청난 변화가 다가올 것이다. 결국, 2030년 까지 수도권을 놓고 본다면, 부동산 가격 상승에 대한 긍정적 신호를 정부가 보내고 있는 것이다.

부동산을 바라보는 정부의 두 얼굴이 있는 것 같다. 마치 로마 신화에서 나오는 '야누스'처럼 성문을 나오는 사람들을 바라보는 얼굴과 성문을 들어오는 사람들을 바라보는 얼굴이 다르듯이, 부동산을 규제하는 얼굴과 부동산을 풀어주는 얼굴, 각각의 두 얼굴이 존재하고 있는 것이다. 따라서 현명한 투자자라면, 이러한 부동산과 관련된 정부의 두 얼굴의 원인을 잘 살핀 후 투자에 임해야 한다. 또한, 정부의 부동산 규제의 강도가 강할 때는 몸을 낮추고, 규제의 강도와 규제 이후의 시장반응을 예의 주시한 후 투자에 임해야 하며, 부동산 규제를 완화할 때는 규제완화 정책의 강도와 시장의 반응을 예의 주시한 후 어디에, 어떻게 투자를 할 것인가에 대한 종합적인 분석이 요구된다.

'광역교통 2030'으로 향후 10년 동안 수도권 부동산 시장에 영향을 미칠 지역의 밑그림이 그려진 것이다. 특히, 주택시장은 GTX 역세권 단지와 함께 복합환승센터 개발계획이 있는 지역으로 쏠림 현상이 더욱 높아질 것으로 보인다. 또한, 도로망과 철도망이 확충되면서 수도권 외곽 지역의 저평가된 토지시장에 대한 관심도 높아질 수밖에 없을 것이다.

다시 언급하지만, 수도권 30만호 택지공급에 따른 45조 원의 사상 최대 토지보상금, 수도권 광역교통망 확충 등 현 시점이야 말로 **"10년 만에 찾아 온 토지 투자의 기회"**임을 명심하자.

마무리하며

이 책을 읽는 동안 많이 힘들었을 것이다. 지금까지 독자들이 알고 있던 부동산 투자로 10억 원을 벌었다느니 아파트 100채를 가졌다느니 하는 영웅담이나, 자신의 스토리만 늘어놓은 실속 없는 이야기보다는 현재 부동산 시장의 상황과 부동산 투자에 대한 사실적이고 실질적인 내용을 최대한 담으려 했기 때문이다. 하지만, 힘든 중에도 포기하지 않고 이 책을 끝까지 읽은 당신은 지금 어디에 어떻게 투자해야 하고, 어떤 목적과 목표를 가지고 투자해야 하는지 기본적인 개념이 생겼을 것이라 믿는다.

비교적 어려운 내용이지만, 최대한 쉽게 풀어서 설명하려 노력했고, 최근 이슈와 투자 팩트를 전달하면서 GTX 역세권 투자 분석, 토지개발, 농지연금, 환지, 대토 등의 지식과 경험을 말해주고 싶었다. 특히, 농지연금, 환지, 대토 등을 법률적으로 복잡하게 풀어서 내 지식을 자랑하는 것보다는, 농지연금과 환지 투자와 같은 미래 투자, 가치 투자를 통해 실질적으로 돈을 버는 방법에 관해서 이야기하고 싶었다. 농지연금은 현재 40~50대의 미래가 불투명한 독자들은 반드시 준비해야 한다. '사람은 배신해도 땅은 배신하지 않는다'라는 말이 있다. 그런 땅을 보유하고 은퇴해야 제2의 인생이 행복하지 않을까 하는 생각을 한다.

사실 필자는 지금처럼 조용히 투자하고 강의하면서 지내려고 했었다. 하지만 나를 알고 있는 사람들의 권유도 있었지만, 잘못된 정보, 투자처, 투자 회사(기획 부동산 같은)로 인해서 토지 투자에 대한 이미지가 안 좋아지고 많은 피해자들을 보면서, 같은 투자자 입장에서도 참으로 안타까웠기에 이를 두고 볼 순 없었다.

'예전에 부동산으로 성공한' 사람이 아닌, '지금도 투자를 하고 지금도 계속 공부하면서 지내고 있는' 필자가 많은 분들을 만나면서 너무 많은 안타까움과 답답함을 느끼기에 책을 출판하게 되었다.

현재 필자는 블로그와 카페를 운영하고, 유튜브와 강연도 하고 있다. 블로그와 유튜브를 하게 된 계기도 생각해보니, 주변의 많은 권유에 의해서였다. 그렇다고 억지로 시작한 것은 아니다. 여러 사람과 이야기하기를 좋아하다 보니, 많은 경험과 노하우 등을 공유할 수 있었는데, 이러한 것들을 정리해보자는 의미에서 시작했다. 이렇게 시작한 블로그, 카페, 유튜브를 운영하면서 느낀 것은 '그렇게 하길 잘 했던 것 같다'였다. 지금 이 책을 출판하게 된 계기도 마찬가지로 주변의 권유가 있었지만,

이 책을 통해서 또다시 잘 했다고 느끼는 날이 올 것이라 믿는다.

필자는 단순하다. 내가 군 장교 출신이어서 그런지 아직도 조직을 좋아하고 사람을 좋아한다. 하지만, 생산적인 사람을 좋아하고 부정적인 사람과는 잘 어울리려 하지 않는다. 필자가 만난 사람들 중에 실제로 땅을 많이 소유한 사람들은 아주 긍정적이며, 진취적인 성향을 갖고 있다. 또한, 가치가 있는 투자라고 판단되면 아끼지 않고 지체 없이 자신의 소중한 자산을 던진다. 반면에, 이것이 소비이고 비용이라고 생각이 될 때는 아예 지불하지 않거나 어쩔 수 없이 지불해야 할 경우, 최대한 가격을 깎으려 한다. 이것이 내가 본 부자와 가난한 사람의 가장 큰 차이다.

땅은 긍정적이며 진취적인 주인을 좋아한다.

토지는 '못생긴 땅'에서 '예쁜 땅'으로, '낮은 곳'에서 '높은 곳'으로, 초고층으로 오르고 싶은 희망을 갖고 있다. 그런 희망을 품고 있는 미래가치가 높은 땅을 찾아보자. 그 땅이 눈에 띄는 순간 당신은 땅의 주인이 될 것이며, 그 땅이 곧 희망이 될 것이다.

필자는 이 책을 통해 많은 사람들이 경제적인 자유를 누리길 바란다. 행동으로 옮겨서 연락해주시는 모든 사람들과 함께 부자의 반열에 오르고 싶다. 그 사람의 간절함이 있다면 나의 모든 지식과 정보를 공유하고, 발 벗고 뛰어서 함께 성공의 길로 나아가고 싶다. 예전에 한참 부린

이(부동산 어린이)일 때, 부동산 투자의 영웅담을 썼던 전문가의 책에 남겨진 메일과 전화번호로 여러 번 연락했던 적이 있다. 하지만, 아무런 답변도 오지 않았다. 지금에 와서는 별것 아닌 것일 수 있지만, 당시 나의 궁금증과 간절함은 정말 컸었다. 당시 그분의 무관심한 태도는 내게 큰 상처가 되었었기에, 나는 한 사람, 한 사람과의 인연을 소중히 만들어가려고 한다.

모든 투자는 리스크가 존재한다. 토지 투자 또한 리스크가 존재한다. 토지 투자의 리스크는 생산자가 되면 현저히 줄어든다. 많이 공부해서 자기 것으로 만들라는 내용보다는 당신이 이 책을 다 읽었을 때 이미 생산자가 되어야 한다. 당신은 모든 것에 생산자가 되어야 한다. 생산자는 그냥 만들어지지 않는다. 부동산의 생산자는 일반사업을 하는 생산자와는 개념 자체가 다르고, 리스크 또한 현저히 적다.

부동산의 생산자가 되어 꿈을 현실로 만들어라!

어떤 사람은 그 꿈을 이루고 있을 것이며, 어떤 사람은 꿈을 이루기 위해 이제 시작하려는 사람도 있을 것이다. 지금부터 부동산으로 당신의 꿈을 꼭 현실로 만들기 바란다. 또한, 평범한 삶보다 자신의 꿈을 이루기 위해서 앞으로 전진해나가는 사람이 되길 바란다.

마지막으로, 수많은 부동산 서적 중에서 이 책을 선택하고, 당신의 소중한 시간을 투자해준 것에 진심으로 감사를 전한다. 앞으로 이 책이 당신에게 새로운 부동산 투자의 기회가 되길 소망한다.

다가오는 2020년에는 새로운 토부(토지 부자)가 되어서 다 같이 부자의 반열에 오르기를 바란다.

GTX 시대, 부동산 투자 비법은 따로 있다!
아파트는 살고 땅은 사라

제1판 1쇄 2019년 12월 31일
제1판 2쇄 2020년 12월 23일

지은이   이도선(도선국사)
펴낸이   서정희   펴낸곳   매경출판(주)
기획제작   (주)두드림미디어
책임편집   최윤경   디자인   얼앤똘비악earl_tolbiac@naver.com
마케팅   신영병, 이진희, 김예인

매경출판㈜
등록 2003년 4월 24일(No. 2-3759)
주소 (04557) 서울시 중구 충무로 2(필동1가) 매일경제 별관 2층 매경출판(주)
홈페이지 www.mkbook.co.kr
전화 02)333-3577
이메일 dodreamedia@naver.com
인쇄·제본 ㈜M-print 031)8071-0961
ISBN 979-11-6484-053-3 (03320)

책값은 뒤표지에 있습니다.
파본은 구입하신 서점에서 교환해드립니다.

이 도서의 국립중앙도서관 출판예정도서목록(CIP)은 서지정보유통지원시스템 홈페이지(http://seoji.nl.go.kr)와
국가자료공동목록시스템(http://www.nl.go.kr/kolisnet)에서 이용하실 수 있습니다.
(CIP제어번호: CIP 2019048104)

부동산 도서 목록

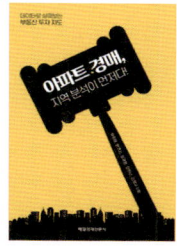

부동산 도서 목록

부동산 도서 목록

부동산 도서 목록

  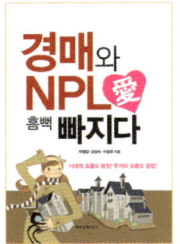 

가치 있는 콘텐츠와 사람
꿈꾸던 미래와 현재를 잇는 통로

Tel : 02-333-3577
E-mail : dodreamedia@naver.com